创业镐头

闯过22道关，创业从此无囧途

杲占强 / 著

时代出版传媒股份有限公司
北京时代华文书局

推荐序

创业需要极目远眺，探寻通向光明未来的方向；创业也需要回眸顾盼，追忆一路走来的足迹，顿悟后前行。

在岁末年初，回首刚刚过去的 2015 年，波澜壮阔、跌宕起伏，全球政经军事风云变幻、A 股大起大落股灾频频……在经济和资本寒冬的肃杀之下，有一脉温泉在冰天雪地之中涌出暖意和亮色，这便是李克强总理大力呼吁的“大众创业、万众创新”引发的创业热潮。

“双创”成为中央的主要经济政策，这可以说是国家第一次把创业提升到这么高的政策层面，似乎也是中华文明五千年以来的第一次真正的“重商主义”，在过去的历史长河中，所谓“士农工商”，万般皆下品、唯有读书高，“商”的地位最低。

商业文明是现代世界文明的基础，商业文明所包含的契约精神、财产权保护、法治要求等等，是商业的有机组成部分，为商业文明的开展提供了保障，没有它们，现代文明也无从谈起。而这恰恰是我们的弱项，中国历史传承中传统商业文明的底蕴略显不足。当然，讴歌商业不是我们的初衷，我们所要讴歌的是人类对于美好生活的渴望，以及用自己的双手创造美好生活的能力。商业是我们所使用的工具。商业文明是创新、企业家精神和信用扩张，这些要素所依托的，就是基于市场这种经济形式所诞生的创业者和企业家的创造力。

传统的“商”，所谓商贾，更多是在流通领域，将农业生产者和手工生产者生产的产品流通到消费者手中。进入当今社会，“商”的核心，是围绕技术创新、模式革命等激发的创业，以及创业所带来的新的产品和服务、满足消费者新的需求，以及变革商业流程和交易模式带来的交易成本的降低和效率的提高。创业，已经成为新商业的主要推动力。

改编狄更斯在《双城记》里的一句话为：“这是一个最好的年代，这是一个未知的年代。”在移动互联网时代，创业的门槛大大降低，无论是屌丝还是高富帅，每个人都有机会去创业，实现自己的梦想；而资本的助推，大大提高了创业的成功率。但同时，技术进步和跨界打劫，使得创业面临更加不确定的环境和未知的明天。

在大众创业、万众创新的热潮之下，很多有抱负的年轻人都希望通过自己创业，获得人生与事业的成功。创业者值得钦佩和点赞，他们果敢地放弃安逸和稳定的生活，去过那种吃了上顿考虑下顿的日子；他们百折不回的执着，撞了南墙还不回头；他们能够隐忍常人不能理解的孤独落寞。但是我们也要看到，通往创业成功的道路异常艰辛，马云、马化腾毕竟是少数，一将功成万骨枯。据不完全统计，80% 的创业企业会在创办后两年内死掉。

创业者，要以弱小的力量和微薄的资本，去迎战不确定的商业环境和未来，每个企业，都会经历团队磨合、方向失误、现金断流、强力竞争等一道道关口，在创业的道路上九死一生，稍有不慎，就会壮烈牺牲，今天很艰难、明天很艰难，后天很美好，问题是我们能否熬过明晚的黑暗，看到后天的日出。

创业时时面临困难和死亡是新常态，古罗马诗人奥维德说：“困难唤醒天才。”顺境不会造就企业家。尼采有句名言：“杀不死我的，只会让我更坚强。”风会熄灭蜡烛，却能使火越烧越旺，面对未来的不确定性，我们要利用它，而不是躲避它，要成为火，渴望得到风的吹拂。创业就是面对不确定，从不确定和未知中把握机会，成长壮大。希望每个创业者，都能够是希腊神话中的九头怪蛇，一种住在阿尔戈斯附近勒拿湖中的生物，长着数不清的头，每次有一个头被砍，就会重新长出两个头来。

创业，想起来很美好，做起来很艰难。希望“大众创业”不要成为“大众创伤”。创业失败的主要原因之一是没有把握创业的基本法则，创业者不仅需要激情和梦想，还需要接受创业的基础教育，掌握创业方法论，这样能大大提高创业成功率。杲占强先生，一位同样充满激情的创业导师，一直致力于为广大创业者提供创业指导和辅导服务，他写的这本《创业镐头》，为创业者提供实用的创业方法论，帮助大家扫除创业路上的22只拦路虎。

《创业镐头》，送你一把金镐头，刨出创业新天地。

邦易投资集团董事长 蒋水冰博士

2016年1月19日于北京

创业新生，真诚郑重

——驾驭创业路上的22只拦路虎

创业意味着一种崭新的生活方式，而成败不过是副产品。事实上，很多创业者都盯着功名利益，但是对于创业这种生活方式不免“挑逗有余，力量不足”。

创业成功的人毕竟为数不多，巨大喧哗背后枯骨累累。一大批创业企业败落下来，原因到底是什么呢？在我看来，无法应对创业路上的二十二只斑斓猛虎导致了创业功败垂成。本书中的二十二堂创业课为您制定了二十二条规则，熟谙应用二十二条规则刚好帮助您打败猛虎。

最近几年来，我辅导了一批高校学子的创业项目。个人观察，很多创业项目属于闭门造车，毫无价值。不仅大学生的创业成功概率低，即便对于已经工作十年的职业高手，创业也非易事。虽然有这样的或那样的问题，但是中国创业青年的执着和热情还是打动了我。

毋庸置疑，成功的创业者需要骨子里迸发出真诚，需要灵魂中发出光芒，从而聚合伙伴向未知的领域挑战，去解决当下乃至未来人类社会的某一诉求。创业者的心法无非是知行合一，“知”即对社会深刻的认知，创业的项目契合社会需求；“行”即坚定不移的执行力，有执行力才能够获得成功。当然创业更是对各方资源的运筹帷幄，创业江湖有多少人因为资源供给不足而英雄气短？

十年管理咨询生涯，我见识到太多企业的生生死死，也在夜阑人静时有所复盘和省察，积腋成裘的结果就是您面前的这本小册子。成功终究是遵循规律的结果，我试图把这些规律性的东西整理出来，以治兵语录的形式奉献给创业者，俾使更多的创业者实现健康、成功、丰盛的人生。

在 2014 年西藏转山回来后，我义无反顾地选择进入创辅和创投领域，成立了财智兴邦投资机构和“创业镐头”创辅品牌。希望聚合起最受尊重的创业社群并以“有乐趣、有温暖、有搞头”为价值观帮助创业者成功：

打造最受尊重的创业者社群，聚合创业者、创业导师、投资人、新媒体和孵化器，让创业回归简单；

打造全球最有价值的创业加速器：我们鼓励开放与拥抱，让各种创业资源要素自动杂交，创造新物种，建设新世界。

创业需要有坚韧不拔的精神，需要去打造有执行力的团队，需要去磨合并进化商业模式，最终让创意变为目标，让目标转化为行动，为客户提供乐于接受的产品和服务。

创业意味着和自己不断地死磕，意味着让自我充分地燃烧，也意味着使灵魂积极地修炼。

希望这 22 堂创业课，能引领您融合更多的资源，有效地规避创业风险，打败拦路虎，开发您的潜能，激活您的热情，实现丰富多彩的创业人生。

杲占强

2016 年 2 月

目录
CONTENTS

第六章　产权关：亲兄弟需要明算账

第七章　融资关：抓住有效的投资

第八章　文化关：文化是企业的魂

第九章　市场关：找准自己的目标客户群

第十四章　品牌关：企业存活的底气

第十五章　责任关：挑得起担子才推得动发展

第十六章　公共关系关：不能忽略的社会关系

第十七章　执行力关：正确地做好事

第一章

认知关：
创业就是连接与整合

最美好的创业年代

运筹帷幄之中，决胜千里之外。

创业首先是发现与思考：深入现状，发现改进的空间，对创业本身有深入思考，三思而后行则事半功倍。创业前期，明晰发展方向、厘清业务定位、打造企业文化至关重要。

作为重中之重，我们要了解创业本身，企业（公司）到底是什么？央视的纪录片《公司的力量》以世界现代化进程为背景，梳理公司的起源、发展、演变、创新的历史，指出公司的出现代表了人类的一大跨越和进步。

“公司能扩展一个经济单位所能掌握和支配的资源，分散商业活动的高风险，公司凝聚了生命个体，让它变成强大于任何个人的经济动力，公司使得血缘、地缘联系之外的陌生人之间的合作成为可能。”

“公司实现了人类经济生活的一个新篇章。”

公司运转的背后是资源的整合，信息在其中起着至关重要的作用。社会最伟大的进步是信息从垄断走向共享，进而实现人的自由。

SOHO 中国董事长潘石屹先生，他的老家在甘肃天水的大山深处，是极其偏远的小山村，小时候，他认知世界仅仅依靠一条小小的铁轨。那个时候，计划经济主导着社会，处于社会底层的人生活几乎被封闭，很多资源对他来说无异于远方的星空，信息传播的不对称、资源分享的不公正恰恰是计划经济社会的特征，潘石屹先生勇当盲流的创业故事成为了佳话。

今天的世界更加扁平化，物联网让一切存在之物有了连接的可能，人们获取信息变得极其容易，即便在偏远的山区，一部智能手机也能拥抱到一个扑面而来的信息社会。物流的便捷高效，企业获得史无前例的广阔市场空间，竞争也更加激烈。在今天，互联网所到之处，你可以通过网络与其他要素和人员建立关联，连接成本大幅度降低。

进入信息时代，信息交流和资源交互成了最自然不过的事情。我们发现一个非常有意思的现象：在彼此隔绝的时代，你有一个梨，我有一个苹果，他有一个桃，你只能吃梨，我只能吃苹果，而他只能吃桃。进入信息时代，大家就可以通过信息沟通互相交换水果，彼此都能吃到梨、桃和苹果。从信息属性上来看，自有信息并未因传播而减少，分享带来信息数量倍增，经济价值进一步彰显。

信息社会大幅度降低了社会连接的成本，那些依托信息资源垄断优势而获益的产业，在互联网时代首先被跨界打劫，甚至遭遇淘汰。

从为客户创造价值出发，企业组织形式、商业模式也在不断调整，企业引领着社会在组织化层面上逐渐深入延展：从无到有，然后走向企业之间的联合，过去企业的组织形式进一步被颠覆、被改造、被升级。企业的边界由清晰走向模糊，即无边界组织的出现。而自由组合的项目治理模式，让企业内和企业间的资源充分交互，插排式、U 盘化创业成为可能。

最近几年，像我们所熟知的京东、海尔、联想等大型标杆型企业都在鼓励员工内部创业，以便更有效地发挥个人的价值。曾经让周鸿祎先生震惊的“裂变式创业”更是被业界津津乐道：公司内部搞创业大赛，有野心、有能力的员工都可参赛，获胜的员工做新公司股东、做总经理或带团队。通过“裂变式创业”，芬尼克兹在短时间内孵化出了 7 家新公司，并且每家都赢利，而基于对人管控模式的传统的层级制组织被颠覆，员工开始面对一个更加自由包容，更加宽松和谐的工作环境，个人的能动性得到极大发挥，企业因此具有了更大的潜能。

令人振奋的一个现象是当前的中国社会开始热情地拥抱企业家，企业家作为社会资源有效整合的群体力量而得到尊重，创业本身也得到了前所未有的认可。腾讯企鹅学院在 2014 年做过一次比较深入细致的调研，摸底国内整体的创业情况，调研结果显示：大众对创业给予了更高的尊重和认可。

过去我们只要谈到商人可能会想到见钱眼开、见利忘义甚至原罪累累，而现在公众的态度更加开放、包容，更愿意在精神与行动上鼓励、支持身边的创业行为，这是很大的社会进步，为创客们提供了一个更美好的成长环境。

可以说，社会的全面进步，连接的便利性以及嫁接要素资源的充沛性，让我们遇到了最好的创业时代，可以说，这是一个属于有梦想、有热情的创客的年代。

当然从另外一个角度来看，今天的创业又比过去艰难太多，创业的背后已经是系统资源的竞争，当滴滴、神州等企业在资本支持下快速扩张的时候，考拉班车被巨鳄吞噬只能黯然离场，各行各业涌现出来的跨界式打劫以及破坏性创新，摧枯拉朽地颠覆掉了原有的产业格局，同时无所不在的免费或者优惠模式，让单纯的匠人式生产运营模式变得困难。只有在自己的能力半径内做到极致，进而生产出令人尖叫的产品或者服务，同时敞开胸怀，无限宽广地拥抱一切产业社会中的资源力量，创业才有可能走向成功。

整合资源，为我所用

晋商是中国历史上最辉煌的商帮之一，作为晋商代表之一的祁县乔家，能够做到汇通天下的生意，基本上还是从自身具有的资源能力出发，协同了周边的伙伴，共同整合资源来打通生意之路。我们今天的企业运作，已经不再是单枪匹马战江湖了，越来越多的创业者选择通过稀释股权引入社会股份公司的形式，可以更充分地从社会上获得资源支撑，企业的运作更加得心应手，发展更加迅猛。

传统时代，一家企业的创建需要积数代人的努力，通过点点积累，资源滚动式汇集，然后才有机会筹建自己的企业，但今天已不复如此，创业的梦想有了更多的支撑，只要你的想法足够好，只要你的商业模式足够创新，只要你的团队能够获得投资人的认可，你的创业就可以拔地而起。

今天被媒体鼓呼为万众瞩目的创业英雄，已经不再是从自己家里拿出百万、千万来创业的“土豪”，而是一个草根创业者凭借一套商业计划书，凭借自己组建的团队，与资本市场、产业元素市场贴面热舞，把社会上的资源拿来为我所用，整合社会资源重构行业秩序或者产出更有价值的产品与服务，这才是真正的创业英雄。

在资源有限的情况下，如何把资源激活，如何让资源创造出更大的能量和更大的价值，这对创业者来讲才是最大的考验，这也是其团队能力的一种体现。我们身边有不少创业者，手里有不少资源，但是资源在他那里发霉、变质，他也不懂得如何去盘活手中的资源。然而，也有这样一些人，一点很小的资源被他抓到手里以后，他便可以大做文章，产生很大的收益。

举一个简单的例子，当年的牟其中先生还是南德集团的老大，他看准了当时我们国内大量的产品过剩现象，便用一些过剩的产品去俄罗斯换飞机，这就是一种资源撬动能力的体现。

可以说，现如今正是沧海横流英雄显本色的创业年代，我们推崇那些能够借力打力，有效整合零散资源，将自己的才智发挥出来的英雄们。跳出创业本身来讲，这样的创业英雄也具有引领时代的意义，他们敢于在商业模式上进行颠覆式创新，他们能真正地解决客户的痛点问题，能真正为民众带来福祉和利益。他们通过努力改变了我们身边的点点滴滴：创客们都是带着自己的思考、创意、激情而来，也许是一张课程表的改造，也许是一个马桶垫的改进，也许是支付方式的更新，也许是生产过程的柔性化，这些点点滴滴的改进汇总起来，成就了这个时代波澜壮阔的创新，也正是这些创客们蚂蚁搬家式的创新，大公司才不敢懈怠与傲慢，不断探索让大象轻盈起舞的路径。

创客们最为可敬的地方在于，他们激活了这个走向复兴之路的民族，给这个民族带来了新鲜的力量，给我们的生活方式带来温暖的变化：早餐可以通过微信支付，打车可以选择Uber（优步），轻击键盘可以购买整个世界……

创业青年们骨子里所迸发出来的热情感召着每一个有梦想的国人，我坚信这种热情对这个国家和民族的未来具有深远的、巨大的影响。

当然需要指出的是：多年好友都是不可再生资源，而赚钱的机会很多，从好友身上赚钱一定要慎之又慎。

做好创业的知识积累

好的创业者通常也是某些新事物的创造者，他们是新生活方式的鼓吹者和践行者，是新技术的研发者和推广者，是市场拓展方式的创新者。为了新事物的创新，他们需要摆脱原有的思维路径，需要更强有力的信念支撑，需要更多元化、综合性的知识储备来面对挑战。

从这种意义上来讲，创业其实是少数人的事情，不仅仅在一线城市，包括二线、三线乃至四线城市，也涌动着青年人的创业梦想。这当然是这个时代的一大亮点，不过要认真地问一问的是——这些热血的青年是否做好了创业的充分准备？

俞敏洪、雷军等创投大佬为合伙人模式鼓与呼，徐小平更把是否具有有效合伙人作为自己投资的一个先决条件，其主要原因在于当今的创业需要更为复杂多元的知识结构，需要更加综合系统的能力储备。

人的经历和知识储备往往决定了创业的方向和路径的选择，比如从分布上来看：北上广深等一二线城市的创业项目更趋于创新（与新技术的结合、新模式的探索等等），三四线城市的创业项目则偏向传统，当然，随着创业信息的密集交互，尤其是现在信息交流越来越方便，加上人口的流动带来不同的城市乃至城乡之间的信息杂交，推进了创业大盘一体化。各个地方的创业都在逐步深入，地域、资源的限制将越来越弱。

决定创业成功的一个很大要素是快速学习的能力和不断学习的毅力，为什么创业如此艰难？那是因为原有的知识储备不够用了，技术、法律、管理、市场、资本等方方面面的问题接踵而至，即使形成了比较完善的合伙人布局，不少问题的处理也似乎没那么容易。

创业过程本身也意味着自己知识结构和能力结构不断完善。俞敏洪先生曾经这样说过："人在年轻的时候，就像一堆面粉，洁白、纯粹，却没有力量，风一来就吹散了；随着年龄的增长，外界环境的变化，社会、家庭的林林总总掺杂进这堆面粉，不断地揉搓，面粉慢慢地就变成面团了，拥有了强度和一定的内涵；之后，更多的问题，各方面的力量和困难不断拉扯这个面团，慢慢地面团变成了拉面，变得更有韧性和拉力，开水煮也煮不烂了，而创业也是这样的一个生长和长成的过程。"

我们一定要对创业的艰难有一个清醒的认知，在创业的路上我有什么，我缺什么，我需要做什么，这也是创客们在创业繁忙之际而不忘学习充电的原因所在，不安全感几乎都来自于能力的欠缺。企业这一鲜活的生命体想要成长，尤其需要掌舵人更全面的能力发挥，在企业的运营过程中，有营销、有市场、有行政、有人事，要面向政府的部门也要面向上下游产业链的伙伴，创业者一开始就要有心理准备，储备好足够的知识，迎接来自管理实践的磨砺和挑战。

培养自我变革的勇气

作为一个有生命力的组织，企业有它自己的成长周期，这也就意味着在不同的发展阶段，企业会遇到不同的挑战和压力，而企业能不能按照潮流的变化，不断地做自我调整和完善，这是企业能否立足于现今快速变化的大时代的基础，所谓“穷则变，变则通，通则久”，如果企业不能够与时俱进地进行调整和完善，那么终将会在一轮又一轮的市场变迁大潮中被淘汰出局。

一个很无情的案例是，与我们有情感氤氲的胶片式照相机，已经彻底成了老古董，淹没在历史的尘埃中，绝大部分人都不再用这种老式的胶片相机了，我们不妨看看它的发明和演进史：

1839 年 8 月 19 日，法国画家路易・达盖尔发明了世界上第一台真正的照相机，可携式木箱照相机。

1841 年，光学家沃哥兰德发明了第一台全金属机身的照相机。

1845 年，德国人冯・马腾斯发明了世界上第一台可摇摄 150 度的转机。

1849 年，戴维・布鲁司特发明了立体照相机和双镜头的立体观片镜。

1861 年，物理学家詹姆斯・麦克斯韦发明了世界上第一张彩色照片。

1866 年，德国化学家奥托・肖特与光学家卡尔・蔡司在蔡司公司发明了正光摄影镜头。

1888 年，美国柯达公司生产出了新型感光材料“胶卷”。同年，柯达公司生产出了世界上第一台安装胶卷的可携式照相机。

1906 年，美国人乔治・希拉斯首次使用了闪光灯。

1948 年 11 月 26 日，美国宝丽来公司在市场推出世界上第一个即时成像相机——Polaroid 95。

技术走向成熟的同时，也意味着它将走向淘汰和衰落，在一百多年的时间里，其兴也勃，其亡也忽，让人感慨。胶片相机兴衰之道的背后是产业升级的力量，这种力量强大到可以摧枯拉朽地对原有格局进行重塑，顺之则昌，逆之则亡。一家企业如果没有应对、迎合、参与到社会产业升级之中来，就将会在边缘化的过程中被历史黄沙淹没。

对于创业者而言，是否具备与时俱进的思维无比重要，即企业要从产品服务体系中获得升华，寻找自身的精神和文化脉络，并注入品牌之中。这种精神文化不断与时代风潮对话互动，进而推动产品和服务形态的升级，唯有如此，才能打造一家与时俱进的企业，才能赢得时光的眷顾。

今天来看，奇虎 360 的异军崛起，本质就是在一个强调共享和免费的时代中，周鸿祎先生像杀手一样对行业进行了清洗，在当年的杀毒软件江湖中，无论是与江民、卡巴斯基还是与瑞星相比，奇虎 360 都只不过是一个小兄弟。但是，360 并没有安分守己的简单对产品和服务进行变革，而是跳出行业外来一个釜底抽薪：产品免费，另辟蹊径获得收益来源。360 一下子把整个行业的规则给颠覆了，这样的案例在未来的十年中将比比皆是，赤裸裸的跨界打劫将无所不在。

伴随着成长与变革，企业一定要有良好的现金流支撑。企业必须有效地保证内部现金流的充盈，有了充盈的现金流，企业才能够在不同的生命周期阶段、不同的产业进化阶段中存活下来，保持企业的活力，并且有能力进行产业升级，让企业的生命得以延续。现金流都出现问题的企业，是很难获得社会认可的，随着社会大环境的变化，企业的生命存活形态也在不断地变化。但企业面临的生命周期、企业在不同的发展阶段所要经受的考验、现金流对企业的重要性，永远与变革无关，且永远左右着企业的生死存亡。

所以说，不论是品牌大企业还是初创小公司，在运转的过程中依然对内部和外部的适应性变革有着极大的要求，想要从容地应对变革，就必须储备足够的现金流，这是企业成长的必需品。

投资人需要的是创业者的“快”

这是一个美好的创业时代，因为资源连接的便利性；这又是一个急功近利的创业时代，竞争变得无比残酷，投资人也变得更加没有耐心。过去，对于那些蹒跚起步的企业，投资人总是有足够的耐心来等待并陪伴它成长，一年、两年甚至三年、五年，大家愿意等待一棵小苗长成参天大树；而现在，很多的投资人已经没有足够的耐心等待创业者像一棵树那样成长，而是更希望吹糠见米、立地成佛，很多投资人已经不能容忍一个创业者给他讲五年规划，那似乎是一个太过遥远的未来。

确实，三五年之间，市场就会有翻天覆地的改变，没有几个人能看清未来，那么大家就只好更关注眼下，所以很多投资人鼓吹先开枪后瞄准。所谓先开枪后瞄准就是现代商战过程中，速度十分重要，我们对手的速度也非常快，如果短兵相接，你根本没有仔细认真瞄准的机会。所以，首先要有气势，要有横扫一切的气概，直接开枪。

跨界颠覆、技术变革以及当前的浮躁风气，让创业成了光怪陆离的功利场，“天下武功，唯快不破”被更多的大佬反复提及，靠自身积累逐步成长的做法如同当年的土地主，上不了台面。今天的创业英雄一改几十年磨一剑，慢慢把自己磨成大企业的做法，而是走一条异军突起之路，能够在一两年的时间内，最多不超过三年时间，去做一家快速获得影响力的企业，在同行中脱颖而出，或者独树一帜成为新行业的领路者。蒙牛的发展超越常规，以一头牛的速度跑出了火箭的距离；小米手机的崛起大家有目共睹，短短两三年时间，俨然成为手机江湖中的霸主。独特的商业模式，快公司的资本变现，受到了从投资人到创业者普遍的追捧，我们现在看到的雕爷牛腩、聚美优品、黄太吉等等，在发财时代快马加鞭，成为了资本英雄。

但是真的是所有行业和企业都适合快节奏吗？蒙牛的跨越式发展，对原有的奶源地格局进行了扩张改写，但是对赌获利的背后是行业基本道德的失守，带来中国乳业的危机，这同样值得创业者深思。企业成长背后有其内在逻辑和成长过程，遵循基本的成长规律更为可取。

让你的员工也可以做“老大”

老板高高在上，下属唯唯诺诺，这情景早已不复存在。现如今，我们更崇尚合伙人一般的同事关系，企业内部大家是亲密的小伙伴，团队充满斗志，彼此分工合作、互相支持，企业蒸蒸日上、生龙活虎，团队的激情彰显出了企业的活力，大家在一起有着彼此独属的交流、玩法，内部没有攀比，共同的目标凝聚着一个志同道合的群体，员工与企业完全融合在一起。等级森严、层级分明的做法明显不适用于新时代的创业环境，而更为平等的员工关系将有利于企业活力的绽放，也是我们推崇的企业运转形式，更是创业者须清醒认识的现状。

作为一个企业的管理者，在这样一种人人平等的认知和充分连接状态下，主要目标已经不再是考虑如何建立绩效目标，如何敦促绩效指标的落实执行，而是用更有效的方法激发、唤起员工内在的成就感、荣耀感、归属感，让他们像是自己创业般对待自己的岗位和工作，由己度人，具有更宽阔的思维和更长远的眼光，从而使工作效率倍增，企业跑步向前。

如果我们墨守成规，不能及时转变自己的管理思维，跟不上员工内心需求的变化，结局就是：即便拿着高工资、高福利，员工还是会选择背弃你，离开公司，甚至投奔你的竞争对手。

传统的高压管制式的管理模式将逐步向平台方向转型，越来越多的企业也创造内部裂变的机会，鼓励员工内部创业，让每一个期望当“老大”而又有能力担当的人，都可以在公司平台上实现创业，任何人，只要有能耐，都能实现自己的梦想，甚至可以获得大比例的股份。

从某种意义上来讲，创业可以视为一种更大责任的担当，当然目标是获得更大自由，提升能力。创业绝不仅仅是担任创始人，运筹粮草、招兵买马，还是加入一个大平台，殚精竭虑地做一番事业，就算是在成熟企业的日常岗位上探索创新，承担压力，何尝不是一种创业？

所以，对于创始人来说，创业更是一种心态，让创业精神在团队中传递，让每一个伙伴都有创业的激情和付诸行动的努力，从一人创业到一个团队创业，从起步创业到公司运营十年依旧是创业心态，这样的企业在日新月异的竞争中才能生存与发展，有了这种心态和价值取向，才能让公司本身成为“财散人聚、权散人聚”的风水宝地。

总而言之，一个上下同欲的企业才有机会赢得未来。

建立一种聚合能量的模式

这个时代的成功需要更多的共享与合作，摒弃单打独斗的理念而融入创业伙伴的洪流中才有更多机会。一个人想要展翅飞翔，必须长出两个翅膀，否则无法均衡地飞起来，甚至都没有办法起飞；两个志同道合的人想要飞起来，就必须要有一个好的模式能让他们的翅膀成为有机的整体，使得两人中每人即使只有一只翅膀也能实现飞翔；同样，如果面对的是一个团队，只要构建好机制，每个人甚至只长出几根羽毛，这个团队就可以凌空翱翔，这就是团队的力量。

我曾经研究过一个现象，叫做“红杉林现象”，红杉林本身扎到土下的根非常浅，但这种树长得很高，而且往往长在海边，大家都知道海边的风一般比较大，这就显得非常矛盾：因为强劲的海风一来，这种扎根很浅的红杉树就很有可能被连根拔起。那么，红杉为什么能够在海边存活下来呢？原因就是红杉往往成片生活在一起，几十棵，几百棵，上千棵，甚至上万棵连成一片，聚而成林，相互之间根部紧密地交织在一起，肩并肩抵抗海风的肆虐，所以即便飓风呼啸而来，红杉林也能坚强地抵挡。

“连接”是我们一再强调的创业主题词，这是一个连接者善赢的时代，你可以没有很多资源，但你一定要懂得连接，善于借力，有效盘活。至于如何实现连接，那就看能否建立一种聚合能量的模式，聚合更多的人力、物力、财力，从而打开你的市场局面，为自己闯出一条康庄大道。

“罗辑思维”这两年异军突起，就是经典的案例，起初罗振宇和申音做自媒体尝试，每周发布一期视频，每天在公众号上发布文章，以“帮你读书”的形式传递价值理念，快速获得了一批读者的认同和追随，进而成为社群架构，成为最大的图书电商平台并有了巨大的延展可能。罗振宇并不追求大众对他的完全认可，当然事实上这也不可能，罗从央视出来后身心自由，思想纯粹而且高度自我，在大肆鞭笞中医的同时，也绝不取悦粉丝顾客，其完全以自我为中心连接起一批“希望自己好，帮助自己好”的扎实的铁杆粉丝，他以死磕的精神，每天坚持 60 秒（而且是别人起床坐在马桶上的 60 秒）通过微信公众号发布音频。

当这些粉丝聚合起来后，他又通过多种形式让大家紧密互动起来。简单粗暴地让大家“供养”自己，让大家交会费，通过这样一种方式，实现了和目标密集人群，至少是认同他的价值理念的密集人群建立了紧密连接，有了连接群体以后，这些人就变成了他庞大的粉丝群体，帮助他进行市场价值的传递，为售卖相关商品创造了一个广阔的空间，通过读书与售卖各种相关产品，其商业模式也获得了延展，如今在电商的道路上奋勇前进。

过去创业须万事俱备，而如今，就像“罗辑思维”一样，完全打破了传统的思维观念与商业模式，只要具备足够的连接与聚合能力，只要能够有力地驾驭相应的资源，比如聚合某一群体，就能在产业链条中获得有利位置。

你若闭门造车，等车造出来，你就错失了商机，这是一个“互联网 +”的时代，必须摒弃小农思想。

小米的崛起堪称典范，刚开始根本没有生产一部手机，反而不遗余力地构建社群，吸引粉丝的追捧和认知，并让大家都参与到手机的研制中来。这样一来，过去隔开企业和顾客之间的边界被迅速打破，顾客有了参与感，变成了企业产品的忠实粉丝。企业里面的员工可能本身就是你的顾客，而你的顾客也热心地参与到产品的研发、生产、营销过程中来。这两年来持续火爆的众筹模式，其实就是顾客与企业之间的关系转换，企业的边界已经完全被打破了。

发掘创业背后的品牌延伸价值

你拥有什么并不重要，重要的是你知道自己创业的核心优势在哪里，知道自己得天独厚的资源在哪里，知道要如何聚合能量，同时，也知道用什么方法来确保你想要的资源可以为你所用。所以，找准自己的核心优势，创建一种商业模式来驾驭自己的核心优势，才能在广阔的市场空间中找准一个切入点，通过这个切入点聚拢更广阔的资源，然后才有机会发展壮大起来。

伏牛堂创始人张天一颇有些“不务正业”，每天在微信、微博上写文章发帖子，这个北大毕业的高材生深深懂得，伏牛堂单纯卖一碗米粉毫无意义，更何况米粉在很多追求健康、养生的白领人群看来，品质未必有多好，伏牛堂巧妙地利用互联网进行营销传播，当然更主要的是让一碗米粉变成了情怀，有了温度，更添加了蛮霸的文化气质，通过大量的文章传播其理念，赋予企业更多的内涵与情感。当大众都在讲互联网思维的时候，伏牛堂反其道而行之，对互联网思维冷嘲热讽，也获得了不少人的认可。

所谓“山不在高，有仙则灵；水不在深，有龙则灵”。因为创业之初就隔山打牛、借力发力，伏牛堂的空间获得了很大延展，一家小米粉店获得了文化产业集团或者创意公司的势能，发展空间被无限拉大了，这既是一种品牌造势，更是一种业态延展。

享受创业路上的风景

创业如同登山，登山肯定是越往上走越难。高处不胜寒，空气稀薄，还有生命危险，但那里的风景和历练，是你花多少钱也无法体验到的，这也是创业让很多人欲罢不能的原因所在。

创业者太渴望成功了，有的时候会异常偏执，会孤注一掷或者患得患失，这对创业走向成功并不是好事情。我在很多媒体上看到：他们把苹果乔布斯的成功归咎于独断偏执，把娃哈哈宗庆后的成功归结于大权独揽，乃至于得出结论——成功者都是偏执狂，只有偏执狂才能生存。这样的结论是褊狭的，其实选择了团队作战，那就不再是一个人的战场，至少是一群人的荣辱与共，创业历程也是一群人的团队浪漫。管理团队本身既是专业，也是一种修养，如何集众人之智是对创业者智慧的最大考验，有了团队内在密切协同（而不是独断专行），不仅仅对于创始人，而是整个队伍都能享受路上的风景。

创业自然是目标导向的，不过创业又不要太功利化，所谓的“咬定青山不放松”有时候未必是最正确的选择，毕竟创业路上潮涨潮落，也不是每个人都能在创业伊始就把未来想象得无比清楚。在不断的试错过程中，往往可能获得意想不到的快乐：

当史都华·巴特菲和卡特琳娜·菲克在 2004 年创办 Ludicorp 时，他们一心想做的是一个网络万人连线游戏平台。想不到这个平台上的游戏不怎么红，但是聊天室中的照片分享功能却大受使用者的喜爱。于是他们做了一个 Pivot，把分享照片功能独立成一个网站，才有了 Flickr 这个受到全世界照相迷爱用的分享平台。

当然像 Twitter 的发展也是如此，创始人依凡·威廉本来是想要做一个网络个人随选广播平台，结果开发产品的同时，创办团队间发现有大量互相传简讯的需求，所以做了一个简讯转发 / 广播平台 (Twitter) 来满足这样的需求。前者不了了之，后者却火得一塌糊涂。

这样的例子不胜枚举，航海家哥伦布发现美洲新大陆，一举奠定了他在大航海时代中的领袖位置。不过这位一生致力于航海的伟大行者，一直梦寐以求地寻找据说非常富庶的印度，直到 1506 年在穷困潦倒中死去，哥伦布生前一直把他所发现的美洲误认为是印度。

创业很难完全沿着一条设计精准的路线正道直行。看看当今风头无两的创业成功者，你会发现：从一条宽广大路出发的企业家常常走投无路，而从一条羊肠小道出发的创业者却能走到遥远的天边，这也是一件很奇妙的事情吧。

寻找能创造高价值的合伙人

创业的视角可以很广阔，我们对创业的认知也应该有所超越：对于一个优秀的员工来说，如果他能够创造性地工作，能够扛起所有责任，那么他的工作其实也是创业。作为老板一般都清楚一个道理：如果员工能够为你创造价值，这样的员工就是企业的财富和宝贝；如果员工能够创造高价值，那么他们就是你的合伙人，一定要好好珍惜。

道理非常简单：一个员工拿 15 万的月薪，到年底的时候再发个红包，加上保险、公积金等等，支付的成本可能会达到 200 万。如果这个人给企业所创造的价值远远超过 200 万，那么这个人就是企业的价值贡献者；反过来，如果一个员工只从公司拿 2000 元工资，但是他为公司创造的价值甚至低于 2000 元，这样的人就是公司的负资产，如果负资产的人多了，企业就岌岌可危，甚至离破产也不远了。

据盖勒普“员工敬业度和工作环境研究”报告，2009 年的调查结果显示，中国仅有 2% 的员工工作敬业，员工工作怠工的比例接近三成。我也听到过更骇人听闻的说法：国内大概有 60% 左右的人是企业的负资产，他们并没有为企业创造多少价值，而是滥竽充数、无所事事，传播负面新闻甚至监守自盗，中国人的职业精神岌岌可危。目前，政府大力推广“大众创业，万众创新”，使得无数企业职员不安于事、不忠于企、心浮气躁、异想天开，盲目创业、浮躁创业自然不会成功。其实，大众创业时代更需要职业精神作为基座。

提倡每一个人都要具有职业精神，鼓励每一个人都要有创造价值的能力，这其实正是“革命”的本钱，有了它，你就可以挺起胸膛，踏踏实实和老板平起平坐，你就可以成为合伙人，这又何尝不是创业呢？一个人如果不能做好一个员工，如果不能成为职业高手，那么他成为一名成功创客的希望就相当渺茫了。说到底，企业自身并不能生出价值来，它需要人来创造价值，哪个创业成功的老板不是出水两腿泥呢？更不要说华为任正非、万科王石全力以赴创业，他们的身体哪一个不是伤痕累累？任何时候，成功都属于那些脚踏实地创造价值的人，其他都是浮云。

企业成功的力量只有一个来源，那就是为消费者创造价值，而这正是来自于人的工作投入，在这个过程中，如何找到一群最能创造价值的人，这才是企业运转的核心点，这也是为什么很多创业者要寻找合伙人的原因。其实要找到这种高价值创造的人，比如说咨询行业、律师行业的高手，这些人本身就是价值创造的发动机，即使不依托于组织，个人的生存状态也不会太差，如何让这些人有效地黏附在企业里面，这对企业的机制、管理都会提出新的要求和挑战。

同时我们也看到，在“大众创业、万众创新”激发下，也有一群人开始浮躁，他们有太多想法，脚踩数只船，他们怀揣投机之心，患得患失，最终，这些人将灰头土脸一事无成。既然明知投机不可取，还不如起初就选择正道直行，一个人能够全力以赴、脚踏实地、心无旁骛地投入到一件事情上，他就有更大成功的可能，而且也能赢得伙伴的尊重。很多创业伙伴分道扬镳，其中一个很重要的原因是有的伙伴心不在焉、朝三暮四，对事业不能全身心投入的投机心理。

在过去两年里，我们在做管理咨询和创业辅导的时候，与许许多多的创客——包括已经相对成功的企业家——交流创业经验，大家都有同感，创业的难点就是如何找到能够全力以赴、甚至是孤注一掷地投入到事业中，有梦想、有才华、有责任感的合伙人。合伙人找好了，事业往往更容易走向成功。

曾国藩在治理湘军时提倡的文化就是“败就拼死相救，胜则举杯相庆”。那时候，军队讲究层级制，当一个首领被对方斩首，下面这些人基本上会被遣散，其所辖队伍中的人也就没有了更大的发展空间，所以湘军内部必须要有一个层层保护、层层推进的机制，这样才使得湘军具有了更加强大的战斗能力。

尤努斯在运营格莱美银行时，也是通过贷款人这样小群体契约的构建，实现大家的价值，风雨同舟。其实，任何资源连接的背后，首先连接的要素是人，其次才是财和物。

人是最有能动性的因素，同时人心惟危又最难驾驭和管理，在如何激发人性高贵这个问题上多做思考，对团队的打造至关重要。

第二章

能力关：价值创造的基础

激发并保持团队的创业精神

在创业的过程中，对创业有基本的认知只是一个前提条件，更重要的是要有能力和资源的输入，创业说到底是一个投入与产出的过程。

成功创业的背后有太多太多的素质与资源要求，但最首要的是，创始人和他的核心团队一定要有非常强的创业精神。

经常有这样的情况，很多人晚上讨论创业非常热烈、激动难眠，但是早上依然背起包来，漫不经心去工作单位继续上班。有没有一种决绝的创业精神，对于企业家、对于创业者来讲，至关重要。

这种创业精神，更多地体现在韧性的坚守上。如果没有韧性坚守，在创业过程中面临的任何一次困难，任何一次压力，都有可能让你的创业项目夭折。比如说，团队刚开始形成比较好的内部沟通时，核心成员第二天告诉你："我要结婚，要到美国去了，这个创业项目我做不成了，我没法参与了。"又比如说，当年四个火枪手和史玉柱在一起，其中一个兄弟出了车祸去世。这些都会对创业者团队本身产生比较大的影响，是继续坚持创业？还是选择把这个事情放一放？创业就意味着必须面对不确定性，并能坚守初心。

有很多创业者，可以说是几进几出，造成团队相当不稳定，创业局面起起伏伏。当面对团队不稳定、现金流有问题等情况时，创业团队中常常会有人选择退出，尽管退出只是权宜之计，期待恢复常态后再扬鞭策马，但更多的人就此永远退出了自己的创业江湖。身边就有这样的例子，一个老大哥当年在中关村做生意，做得也不错，当年基本上算是和刘强东等同一批人，业务也算做得风生水起。但是他天性对人比较信任，被一个他认为非常不错的朋友骗走 500 多万元，而这 500 万是他的货款，这样一来，企业基本上没法生存了，他把欠别人的钱还掉以后，企业就倒闭了。他就彻底地放弃了自己在中关村的生意，选择了打工，日子过得优哉游哉，有了家庭和孩子，过着一种比较安稳的生活，从此不再创业。

中国有一位作家叫土家野夫，最初他自己做书商，后来把书商的生意关掉，成为了一个专职作家，他的写作哺育了很多读者，他找到了更合适的位置，他原来的生意和现有的职业已经切割性改变。

在价值观念上，我们没法去做出孰优孰劣的判断，但是对于一个骨子里真正想创业的人来讲，也就是具有决绝的创业精神的人来讲，就算一次创业失败了，还会回过头来，再一次进行拼杀。所以说，有没有这样一种坚忍不拔的创业精神，有没有这样一种百折不挠的决心和勇气，对于创业团队至关重要，决定着团队能不能成长，能不能走远，能不能做强。在今天这样一个大的创业环境里，这样一种创业精神的团队，往往更容易获得投资人的认可，因为投资人觉得这些人是真正可以对资本负责任的，真正对自己的梦想负责任的，他们付出的钱一定能够获得很好的回报。

今天，俞敏洪在演讲中云淡风轻，似乎任何事都变得得心应手，但是当年创办新东方的过程中，他也曾数次想过："我真干不下去了，这事太困难了、太痛苦了！"那个时候，俞敏洪刚从大学辞职，还是书生本色，为了和当地的一个片警搞好关系，竟然干掉了两瓶高浓度白酒，直接把自己送进了医院抢救，他的生存能力、生命力相当强盛。虽然几次觉得太难、没法干，但最后还是没有甩手而去，咬牙坚持下来了，所以俞敏洪最终成就了新东方到纳斯达克上市，并且获得今天无限的荣光。

可以说，这种决绝的精神成就了俞敏洪，正因为他有了这样的一种精神，有了这样一种执着的勇气，才能够在困厄中坚守、坚持，才能拼到云淡风轻的今天。

坚守、坚持是能力发挥的保障

一个中国投资人曾经这样说："在过去三十年中国改革的历程中，凡是有坚持精神的人都咬着牙坚持下来了，当然过程很痛苦，但是现在基本上都获得了比较大的收益，不仅公司得以发展壮大，个人财富也获得了非常可观的累积。相反，那些相对没有坚持住的人，白白丧失掉了时代给予他们的一些机会。"中国的市场太庞大了，尤其是从1992年切入到市场经济的运作以来，中国的经济正好赶上了黄金的时间段，广阔的市场、大量的消费人群，只要你的产品和你的服务有特点、有创新、有价值，就一定能在那个野蛮生长的时代得到买家的认可。加上中国庞大的消费市场又有着层次的细分，面向不同的人群，有高端奢侈品的消费者，也有低端消费者，这个时候只要你能坚持，存活下去都不是问题，只要你的产品好，只要你的服务好，想要扩大发展空间也不是难事。

我的一个朋友，在保定这么个小地方卖手机，年营业额竟然可以达十几个亿；还有一个朋友做物流，在运输的过程中代收货款，一年下来竟然可以代收十个亿甚至是二十几个亿；唐山有一家水果店，五六个摊位一年可以达到近两个亿的营业额。我们要创业，关键是要抓住广阔的市场需求，并能一如既往地坚持下去。

只要你愿意坚持，只要你有克服困难的决心和勇气，遇到困难的时候勇于解决困难，你终将走稳自己的创业之路。

作为投资人，他们去考察项目的时候，一般情况下首先要看的是团队的创业精神，要看这个团队能不能在面临困难或面对挫折时越挫越勇，奋勇争先，即便觉得钱可以投，但还是要有一个考察期。如果有这样一种精气神，这样的团队未来会更被看好，也往往值得投资；反之，当面临一个比较小的挫折，团队就四分五散、分崩离析，那么项目再好也不值得投资。

团队的聚合力决定能力的发挥

《中国青年报》曾经报道过泡面吧的案例。就在泡面吧即将获得 A 轮融资，只差签署投资协议之际，这家估值达1亿的公司团队却一夜之间分崩离析，起因很简单，就是在创业的过程中，内部的分享机制中出了问题，于是硝烟突起，战火纷飞。所以，团队的稳定性、团队成员彼此的磨合、团队能否坚守创业初衷，这也影响着团队成员能力的发挥，影响着企业的发展，影响着投资人的决定。

在今天这样一个创业的大时代潮流中，我们能不能紧贴自己的初心，始终坚守自己的梦想，遇到困难以后能不能积极想办法克服，这是考察创业团队能力的一个非常重要的点。

很多时候，但凡讲到创业，我们总强调能力与资源，能力的大小、资源的多少是我们通常关注的焦点，其实，人的创业能力中，精神的力量决定着能力的发挥，团队的精神面貌更能吸引到投资人、合作伙伴、客户、支持者，当我们拥有决绝的斗志与同心坚守的决心，就能够获得更大资源的连接。德国西门子公司则有句名言：“只要管理层能知道员工怎么想，那西门子就能成为一家伟大的公司。”

创业过程中大胆授权、鼓励员工参与，是实现团队合力的有效手段。比如丰田公司在 1951 年推出了“合理化建议制度”，鼓励每一个员工自由地就任意问题提出各种建议。这项制度坚持不懈地实施了几十年，每年被采纳的合理化建议达几十万条，不仅为公司直接创造了价值，而且极大提升了员工的忠诚度和自豪感。最了解生产第一线情况的员工更加致力于改进各自的工作，这赋予了丰田公司极大的竞争优势。

很多心怀抱负的年轻人，作为北漂来到北京，什么都没有，住过地下室，甚至在广场上睡过地板，被大家歧视，但是只要你有坚持下去的勇气，五年、八年过后，再回过头来看，大家都能够在北京买房买车，都有了自己或大或小的事业基础。这其实也是一种创业精神，就是一定要在这个城市里获得立足之地，赢得自己的空间，找到施展自己能力并且发挥价值、放大梦想的舞台。

当年新东方的俞敏洪，也是被这样的一种精神在支撑着发展，在绝望中寻找生命的希望，找到一条自身价值实现的道路，这就是创业背后创业精神的升华，这样一种坚守对于创业团队来讲至关重要。创业的第一个条件，就是要拥有坚忍不拔的创业精神，有了这种创业精神，才能够抵挡住来自现实中的各种烦琐事物以及创业过程中的种种难题；有了这样一种创业精神，我们就能获得创业过程中源源不断的力量，有了这种力量，就像玄奘能够西出大漠跨越数个国家取回真经一样，创业者也能取得自己的真经。

确立正确的创业目标

要想突破创业的能力关，目标明确是必需的，而目标正确更为重要。因为正确的目标才能让大家达成共识，认同创业的行为，并且直击最终的成功。共识不是一个人说了算，是在大家共同认可的基础上才能真正形成。

正确的目标对社会群体的凝聚有重要的黏合作用。对于创业来说，能不能在创业团队达成共识，并把这种共识落实转化为所有成员的创业目标，决定成败。如果要做到更加精准，就要把这样的一个目标分解到团队每一个人身上，就像现在我们看到的绩效指标考核一样，把共识转化为目标，再把目标分解到每个人的头上，同时又把目标进一步落实到具体的工作时间节点上，这样一来，大家为共同的目标，内部有分工、有配合、有协作，甚至还有小小的竞争，这是创业团队形成公司文化的良好开端。

有了有效分工，组织的活力与合力就被唤醒了。大家能够看到，谁在创业过程中创造的价值更大，谁更有领导力，那么在股份分配上，在职位发展上，在组织资源分配上，就应该给他更多的支持。这种创业目标的设置，对于整个创业团队来讲，是走向未来的出发点，也是团队保持紧密性和协作性的一个非常重要的手段和方式。

刚开始的时候，目标设计不一定完全科学和规范，但这个凝聚共识的过程，一定要大家紧密协商、深入互动，一定是内部通过运作而形成健康的、阳光的、文化的过程，达成这样的共识，团队的建设才会变得顺风顺水，项目运作也因此得心应手，团队管理也就步入到一个相对规范的状态。

目标明确才能集中发力

要想成功创业，目标明确是非常重要的创业条件，因为刚开始创业的时候，企业的资源一定是有限的，也是相对欠缺的，所以，对于团队来讲，一定要有一个明确的目标，才能把团队成员整合到一起，大家才能够集中发力，尽力把一件事情做得漂亮、做到极致。

一个资源相对有限的创业公司，如果没有一个清晰的目标，创业团队无法将发展方向聚焦在一个点上，大家的想法有很多，今天想要做 APP，明天想要做微信，后天还想做别的产品，还要线上线下，看起来似乎都很美好，而最终的结果却是大家的目标不清晰，没法有效地形成合力，公司的发展就会止步不前。

我们回过头来看“万通六君子”，早年他们一起在海南创业，后来又转战北京，在全国布局，做得风生水起，但是，在事业成长的过程中，王功权、冯仑、潘石屹、易小迪、刘军、王启富这六个人对于未来事业的发展目标和期望大不相同，有的人期待往投资方向走，有的人更关注住宅地产，有的人关注其他不同的领域，六个人越来越无法形成合力了，已经很难再有一个聚合性的目标把大家聚合在一起，最终结果是“万通六君子”分家。按照冯仑的说法，当年的分家过程是以江湖的方式解决的，一部分人选择退出，只有作为法人的冯仑一直留守，当然，兄弟们之间感情并没有因分家而受影响，这是很难得的，因为大家能力都很强，最后各自成就了一番事业。我们可以看到，有了共同的目标，大家就能够聚到一起，如果没有共同的目标，大家就会分散，最终各奔东西，兄弟们可能还在同一个城市奋斗，但是已经不在一个平台上了。在创业过程中，内部如何制订一个精准的创业目标，对于创业团队，尤其对主要的创始人来讲，至关重要。

创业目标的本质就是凝聚团队最基本的内核，有了这样一个目标以后，大家会追随这个目标前行，而不仅仅是追随创始人。忠诚于个人往往会走向专断，而忠诚于组织目标和理想则会奠定伟大企业。有了一个目标后，大家就知道资源如何与目标嫁接，如何把有效的资源与目标发生关联。

就像贾樟柯拍他的第一部电影一样，他是这样回忆的：

当时写了一个《小山回家》的短片，和同学们商量着决定拍摄。于是，面临了人生的第一个预算。有同学问，你这个需要花多少钱，怎么做，这个钱怎么解决？我并不太清楚，于是和同学很快组成了一个小组，形成了最初制片人跟导演的合作。

然后我的同学跟我一起来做预算，按正规的电影操作，比如说摄影机租金、录音带、录音机、人工等等，事无巨细把全部预算做出来，算下来将近10万块钱。在1995年的时候，我们整个就傻眼了，按照这样的操作，我们是不可能拍出一部片子来的。

我梳理了一下我们拥有的资源，就跟同学商量：我们一起拍！这部片子算我们大家的，我们一起拍一部让人叫好的电影来。大家全部没有工资，补贴也没有。没想到所有人都同意。于是我和他们商量，学摄影的同学来做摄影师，学录音的做录音师，学美术的来做美术指导……

我实际上在做一件事情，那就是挖掘内部的资源。人员找齐之后，就该找器材了。摄影机借用的一个同学父亲单位的，录音器材则是我们女录音师每天去系里静坐，把系主任烦得最后同意借给她用了。

接下来就是拍摄，毕竟你得有交通费、群众演员报酬。最后决定，大家一起来筹钱，大概筹集有2万多块钱。按照预算还是不够的，但是有了这笔钱就可以开动了，因为这个钱不是你一下子都要付出去，而是在制作过程中一个步骤一个步骤花出去。我们开始做现金流的安排，头一天要花多少钱，第二天花多少钱，一周拍完之后，多长时间可以不花钱，到什么步骤，比如剪片的步骤、混音的步骤又要花钱了，我们做出了这样一个表。

拍摄期间出现了各种各样的难题，我们所有人都在不停在募集钱，这些钱是大家平时接一些私活所挣，比如说有个同学帮一个栏目出一个创意，或者有的同学帮一个广告公司做一个创意，或者拍广告，大概用这样的一个模式做了很长时间，最后这个片子终于做成了。

贾樟柯事后回顾，他们当时只拥有两个财富：一是蓬勃的创业欲望；二是年轻人之间的友谊与信任。他只有一个剧本，一腔热情，一个目标，因为有了这个目标，号召了他的同学们，大家一鼓作气，群策群力，就这样战胜了一切困难，白手起家拍出了第一部电影，并且荣获1996年香港独立短片及录像比赛故事片金奖。

相反，如果没有这样一个共同目标的话，大家的心也就是散的，行动上更是分散的，尤其在创业前期，只要大家的心一散，行为就会自然地分散，带来的显而易见的后果就是项目本身会分散，就像分子布朗运动一样，创业目标落实变得遥遥无期。

分解目标、能力互补

单枪匹马，难以成功创业。对于创业者来讲，一定要知道如何找到自己的Mr.right。美国的管理专家们开发出一个帮助领导者进行自我分析的框架，该分析框架将领导力视为四种能力的组合：环境感知能力 、关系构建能力、愿景描绘能力和创造执行能力。

环境感知能力：创业者需要深入了解创业环境。如，互联网技术将如何改变整个行业？全球有哪些优秀行业经验？精于此道的创业者能够删繁就简，进而达成团队共识，集体进入同频工作状态。

关系构建能力：创业者必须和企业利益相关方建立有效的关系。在洞察对方的想法和感受后，找到利益结合点并阐明合作方案，由此建立的人际网络将极大地帮助创业企业突破自己认知、资源与能力上的不足。

愿景描绘能力：创业者要有愿景描绘能力，他们通过讲故事或者打比方的方式，生动地描绘出组织未来的图景——这是聚合团队的基础，创始团队本质上不是为了某人在工作，而是为了愿景而驱驰。

创造执行能力：创始人需要制定规则设计流程，让梦想成为创意并最终转换为具体的现实。这个过程并不是简单的执行。需要展开想象力，发挥创造力，以巧妙的方式展开行动。

显然，不可能要求创业者是全能的超人，在以上这四个方面都表现得十分出色。但是，借助以上领导力框架，创业者（包括团队和组织）可以分析和确定自身的优势和劣势，并寻找互补人才来弥补自己的不足，从而保持组织中技能组合的平衡。

如果仔细分析那些失败的创业案例，会发现有很多都是源于团队不互补，而一个存在结构性瑕疵的团队可能会犯低级错误，尤其会犯下无法修改完善的错误，这是很难赢得最后胜利的。

有了团队管理，团队内部之间就会有相对紧密的协同，会有深入的合作和分享，从而互相取长补短，获得团队工作效率的最大化，没有了过去个人的独狼模式，而是强有力的战队模式。

有了团队协作能力并不意味着万事大吉，团队管理本身就是一件很不容易的事情。德鲁克研究专家包政教授曾专门写过一篇文章来谈如何对咨询公司里的合伙人进行智慧的管理：能够让他们有一种内在价值荣耀感，同时他们的收益、内在心灵的诉求、物质上的诉求又能够得到很好的保障，这是需要智慧来经营的。

创业团队成员之间很有可能是兄弟、是同学、是师生、一起创业，一起奋斗，如果因为情谊而忽略了原则，就成了团队管理的大忌。当情谊代替了管理，不正之风就形成了，企业就失去了公平、公正的原则，管理就受到了挑战，这是很多企业发展起来后，首先在管理上去家族化的原因。

很多创业者个人的能力非常强，但是没有办法带出一个有效的团队，这是创业的大忌。如果带不出有效的团队，就会带来非常严重的发展问题，创业成为个别能人发挥个人价值的疆场。当这个能人存在于团队之中，并且全心全意致力于企业的发展时，企业在发展初期就能按部就班地推进，一旦这个能人离开了企业，很多事情都做不成了，更别说发展与壮大了。

所以说，在创业前期，有了一个比较清晰的创业目标，同时又聚合起比较好的团队后，此时对于企业的核心管理人员来讲，要把绝大部分的精力放到团队建设工作中去。无论是内部的机制建设，还是文化建设，都是保证团队平稳运转的有效支撑。

优化资源配置，实现价值最大化

在今天我们所面临的创业环境中，要从创业大市场中脱颖而出，就必须懂得如何通过资源的创造、控制、使用、配合以及组合，实现自己的创业课题或者在创业项目的收益。

现在很多受到热捧的项目，它的资源优势并不是特别明显，甚至远不如传统产业。诚然，用传统产业的思维视角来审视的话，这样的企业在资源禀赋上并不具备足够的优势，或者说他们的优势很浅，但有很多具有互联网精神的年轻人正在努力开创新局面，他们努力聚合资源，创造性地使用资源，重新配置资源，实现了很好的效果。

田忌赛马是资源优化经典案例，在赛马的过程中，同样拥有上中下三类马匹，如何通过马匹的结构性配置使用而取得最终的胜利呢？田忌的做法是下马对上马，中马对下马，上马对中马。这样，三局两胜，最终赢得胜利，这体现的正是资源配置协同的效果。

数学家华罗庚推崇的统筹方法，实际上也是一种资源的投入和产出优化。当今社会，懂得对资源有效运作与使用，能够在环节上快速打通，把相关资源拿来为我所用，把资源汇聚到自身的创业上，这才是真正的有天赋的高手。

最近看到一个叫万朵玫瑰的创业项目，面向中国 100 亿的婚恋市场，主要的产品是爱情保险，10 元定金 +189 元的尾款，如果三年后被保险人与指定心上人结婚即可获得一万朵玫瑰，如果三年后不是和指定的心上人结婚这个钱就等于打水漂了。这个创意怎么样？你会送给心爱的她三年的承诺吗？你会为她购买这一份美丽的爱情保险吗？提及保险，一般是为保险背后的风险埋单，而万朵玫瑰担保的是正能量的爱情的成功，只要你的爱情成功了，在你们的婚礼现场上就会有万朵玫瑰花的祝福送到。这个项目如果仅靠一个创业团队来运作，压力肯定很大，所以他们把保险公司拉进来，由保险公司提供担保。在这个项目的运作过程中，保险资源实际上只是拿来“为我所用”而已，资源和创业者自身能力产生良性互动，让这个创业项目更靠谱，创业因而事半功倍，获得了投资人的追捧。

第三章

心力关：心力是创业的发动机

只有激情撬得动能力

对于创业者来讲，能力和资源储备非常重要。但是能力和资源并不一定都自己具备，创业者追求的更高状态是，“生而不有，为而不恃，长而不宰”。我们完全可以在创业的过程中把相关联的资源引进来，实现能力的互补与聚焦。如何才能汇聚能力呢？就得靠创业者的心力了。

心力关的第一要素便是激情。

什么是激情？激情是对目标的疯狂想象，激情是无数次在深夜用鞭抽打着自己永不言弃的灵魂。外在的激情，表现得异常热烈；内在的激情，表现得从容不迫。

孙正义在软银成立第一天发表就职演讲：“公司在 5 年以内销售规模达到 100 亿日元，10 年以内达到 500 亿日元。要使公司发展成为几万亿日元、几万人规模的公司。”

日本管理四圣之一的松下幸之助先生，在 1932 年，向企业员工演讲使命感，描述了公司的 250 年的一个规划。世界上几个公司能够存活 250 年？松下幸之助莫非是在做梦吧？

这都是创业者的激情。

创业者自身要拥有激情相当重要，同时创业者还要善于营造势能，点燃其他人例如合作者和消费者的激情。当年在拍《建国大业》时，中影相当重视，中影集团董事长韩三平时隔 18 年后重执导筒，任该片导演。李连杰、成龙、刘德华等国际巨星都是主动请缨参演。170 多位职业演员参与拍摄，其中包括 80 多位一线演员，众多明星们甘愿零片酬为该片跑龙套。《建国大业》这部影片讲述了 1945 年抗日战争结束到 1949 年新中国成立前夕的风云岁月，中影的品牌、韩三平先生在圈内的影响力和号召力以及韩三平带领的主创团队营造了规模宏大的氛围，点燃了众明星的热情。

很多农村都有压水井，打水时需要往井头罐里放一瓢引水。如果你不放引水，无论怎么使劲压水，水都打不上来，放了引水，再来压，水就源源不断。这种取水方式，首先要有管道连通地下水源，有能力把地下的水抽取出来，然后还要有一瓢水作为引水，缺一不可。对于创业者来说，要想引入资源，也要看你有没有驾驭资源的能力以及有没有这“一瓢引水”。如果连这“一瓢引水”都没有，即便你空有一腔热情，也只能望洋兴叹。

如何能找到这“一瓢引水”，然后有效地把这“一瓢引水”用好、用活，是很多创业者应该关注的问题。比如创意情趣用品店的马佳佳，对她来讲，如果她未来再做相关创业项目的话，起点会更高，为什么呢？因为她在粉红用品市场的开拓方面，取得了一个很好的成绩，获得了一个很好的品牌价值，在这种情况下，她再做别的工作，就变得相对容易了。

说白了，这“一瓢引水”就是创业团队的激情，有了这种激情，我们就可以激发出更多的能量与资源，以小博大，以很小的投入获得更高的产出。

为什么职业经理人创业不容易成功呢？其核心原因就是激情不足，因为激情不足带来以下七个方面问题：

1. 源动力不同。职业经理人创业的源动力多数为职业而非生存，生存会破釜沉舟，为职业发展则动力大打折扣。

2. 退路太多、机会太多。创业过程中困难重重，作为职业经理人又有许多退路，加之有广泛的社会资源关系，因此，会有很多机会诱惑，往往心猿意马，朝三暮四。

3. 管理能力强、经营能力弱。

4. 社会约束太多，干事情缩手缩脚。

5. 见多识广，找不到切入点。看到西瓜没工具切开，不想弯腰捡芝麻。

6. 抗风险的能力低，赢得起，输不起。而创业不成功的关键在于资金链，职业经理人的资源主要建立在企业平台上的人脉社会关系，不是在资金链。

7. 角色定位导致组织利益失衡。长期职业经理人的经历使其长期决策处于老板和员工的平衡点上，与老板决策的利益点不同，因此沿袭职业习惯，导致投资人的利益受损，组织利益失衡，最终导致企业失败。

找准自己的位置才能发挥出价值

《秦相李斯》是钱宁的一部历史小说，他用小说的笔法，活生生把两千年前的大秦丞相勾勒在读者眼前。李斯出身贫寒，二十七岁那年，混了一个看守粮仓的小文书。忽一日如厕，李斯见到一窝抢食的老鼠，毛色灰暗、瘦小干枯、又脏又臭，令人恶心，想起了自己管理的粮仓中的老鼠，一个个毛皮油亮、脑满肠肥，整日里大快朵颐、逍遥自在。

“人生如鼠啊，不在仓就在厕！”

李斯不禁长叹一声。第二天，李斯辞官去兰陵求见一代大儒荀况，谋求帝王之术。李斯学习期满，游说秦国，结识赵高，并在赵高的引荐下，得秦王嬴政的信任与重用，最终位极人臣。

刘邦原先只是秦朝治下泗水小亭长，有一次，刘邦押送民夫至咸阳，刚好碰到秦始皇经过，十分威风，暗自赞叹道：“嗟乎！大丈夫当如是也。”

他不甘受他人的摆布，斩蛇起事，怀着一腔热血，毅然与秦军大战，终于成为大汉王朝开国之君。

创业者首先要对自己有一个比较清醒的认识，要想清楚自己是否适合创业。比如，网易的丁磊对于大学生创业就持保留态度。

“创业不仅要有激情、勇气和智慧，还要有金钱。”

“建议大学生像我当年一样，先到企业干两年，学习管理经验和社会阅历，想清楚了、准备好了，再去创业。”

如果最终决定创业，选择创业方向的时候还要做好定位，创业起步都是小公司，钱少、人少、资源少，创业者不必整天想你将来会怎样，只需要选择最适合于自己的事情做并集中于尽量少的选择。

对于走上了正轨的企业家来说，核心要务是在团队中找到自己的位置，就像松下幸之助说过的那样：“当我的企业只有 10 个人时，我最能干；当我的企业有 100 人时，我和他们一起干；而当我的企业有 1000 人时，我只能站在后面感谢他们。同时，信任来自责任，我会更加负责地看好松下的未来。”

当创业取得初步的成功的时候最容易被成绩冲昏了头脑。史玉柱回忆巨人当年垮塌的经历时说:“(巨人)公司发展得很顺利,然后知名度好像也挺高,所以这时候危机就开始埋下了。这时我本人就以为我做啥事都能做成，因为从创业的 1989 年开始，到珠海那段时间，在这几年的时间里，我想研发成的都研发成了，想销售产品都销售成了，就没有失败过，深以为自己想做啥都能做成。所以在这种环境下就开始走了多元化的道路，这是一条不归的路。”

创业的过程就是一个定位的过程，给公司定位、给人员定位、最终找到自己的位置并扮演好这个角色。

不在其位，不谋其政，“专注”会聚集强大的力量！

强大的心力需要准确的预见性

创业者能否对资源进行高效的利用，这就考验着能力背后的心力，创业者一定要有强大的心力，才能面对创业过程中的任何挑战。

除了激情，创业者还要对未来的发展趋势有准确的预见，把握未来的发展趋势。通过对未来的预见，形成自己的正见。有了正见，就会拥有竞争的优势。在看起来势均力敌的竞争中，一定是心力强大者胜出。如果心力不够强大，就容易在关键时刻掉链子。

强大的心力建立在准确的预见性上，而准确的预见性来自于内心的自信以及对资源的驾驭。毛泽东在年轻时写过一篇文章《心之力》，强调心力的重要性，很值得一读。这在毛泽东后来的革命生涯中得以实践，形成了中国独具特色的方法论。在辩证法里面，也把心力作为一种精神价值，做了拔高性的体现，我们今天看待这种心力现象，也能感觉到一种坚守，这对于创业非常重要。

讲到心力强大，主要讲的是内在性的强大，而不是咄咄逼人、趾高气扬。对于创业者来讲，体现在对目标的坚信不疑，以及坚韧不拔的推进和执行。但是在日常的生活工作中，一个心力强大的人反而是能够放下身段，为了理想和目标放弃自己所谓的面子等身外之物的人。不役于那些身外之物，懂得放下身段，才真正懂得收放自如。

1944 年诺曼底登陆前夕，盟军总司令艾森豪威尔手中把弄着从进攻北非与西西里岛战役中带回来的表示吉祥的银币，在营地旁的煤渣路上长时间踯躅徘徊，只是在选择登陆的日期。谁都能够感受到几十万士兵的生命和整个西欧的未来带给他的压力，但是没有人能够帮到他。后来艾森豪威尔在回忆录中写道，他为此次行动准备了两份声明，一份用于成功，一份用于登陆失败后自己承担所有的责任。后一份声明或许因为紧张，以至于连日期都写错了。

关于放下身段，有几个非常有意思的案例。孙宏斌，也就是当年赫赫有名的顺驰品牌的创始人，这个哥们儿当年在联想的时候年轻气盛，因为和老大柳传志发生了一些争执，或者说是因为误解，具体原因不得而知，最后进了监狱。按理说，因为联想集团而被关进了监狱，当时年仅二三十岁的孙宏斌心中一定是对柳传志、对联想怀有非常深的成见甚至仇恨。但是，孙宏斌从监狱提前出来后，放下自己的身段，主动联系柳传志，向柳传志示好，赢得了柳传志的高度信任。柳传志以联想的名义借给他 50 万起步资金，靠着这笔钱，孙宏斌在天津起家，一步一步将顺驰做大，在全国地产界高歌猛进，后来虽然经营上出现了一些问题，被迫出售给了香港的一家公司，但还是赚得人生的第一桶金。在事业崛起的过程中，你能看到孙宏斌所具有的放下身段、成就伟业的强大心力。

在中国的企业界，这样心力强大的人特别多。大佬史玉柱能够东山再起，80 多岁的褚时健能让励志橙一夜之间火遍大江南北，这都与他们强大的心力息息相关。

创业成功的过程，一定是强大心力支撑的过程。性格孤傲之人，或者性情狂愤之人，是很难成功的。因为太刚太硬，遇到更刚硬的人或事就折断了。我们必须强调，心力的强大，内心对目标的坚定不移，并不是一种外在的刚硬，而是内在的柔和以及妥协，并且还有一种原则的坚守。

董明珠女士也是一位心力强大之人，为了企业目标的实现，她排除万难，追讨债务、资本运作，操作得风风火火，推动着格力快速往前发展。如果不是强大的心力，她是很难坚持下来的。

华人和犹太人是全世界两个最善于经商的民族，这两个民族的人都很聪明，但是，这两个民族都缺乏世界上最优秀的企业。为何如此？因为华人和犹太人太聪明，就容易心眼儿灵活，容易被新的机会诱惑。一些智商并不突出的人，或者虚心，或者固执，不会轻易相信某一个新机会，也不会轻易改变自己的初衷，守住一条路不断地往前，反而会成就一名伟大的企业家。

以谷歌为例，公司创立之初，创始人并没有急于上市，而是花几年时间完善商业价值观，坚信一切以用户为中心，将一件事情做到极致。简单而专注的原则使得谷歌重新改写了互联网的商业模式。

曾国藩在《挺经》中讲："天下事在局外呐喊议论总是无益，必须躬自入局，挺膺负责，乃有成事之可冀！"他讲的实际上就是一种躬耕作业的心态。"打掉牙齿和血吞”，最终于成就了曾国藩“千古完人”的一番事业。

好的企业家眼里都容不得沙子，他们都靠心力坚守着自己的原则。

学先进，傍大款，走正道

国内很多投资人都接到过一些自大狂的电话，言必称自己的技术超越谷歌改变世界，其实这并不搞笑。

20 世纪 70 年代美国曾在 100 万个年轻人中做过一次心理测试，测试的内容是：让每个人对自己的才能打分，看他们的综合素质在多少人之上？并请用百分比表示。结果 70% 的测试者认为自己的才能比 90% 的人都高；25% 的测试者认为他们的才能百里挑一，也就是说，他们是属于人群中那 1% 最有才华的人。看到这个结果，主持试验的社会学家不禁哑然失笑。人群中占大多数的平庸者哪儿去了？除非统计学正态分布的定理重新改写，否则以上的结论是不可能成立的。然而，这个结论却反映了人群整体对自己的一个重要的认知——自恋。人人都自恋，自恋就是喜欢自己多过喜欢别人。人们为什么喜欢自己多一些？因为人类固有的骄傲——认为自己比别人强。

创业过程绝不能孤芳自赏，一定要“学先进，傍大款”，唯有如此，才能保证自己“走正道”，才能够让自己的生意、事业走得更远，才会有明天的成功。

当然学先进、傍大款也没有那么容易，作为创业者应该做到：

1. 建立守信用的形象

摩根大通集团台湾区负责人郭明鉴有一次在接受记者访问过程中，当被问到“专业与人际关系到底哪一个比较重要”时，他沉思了许久回答：“没有专业，你的人际关系都是空的。但是，在专业里，有一条是最难的，就是信任，而这也是人际关系的基石。”

2. 乐于与别人分享

不管是信息、金钱利益或工作机会，懂得分享的人，最终往往可以获得更多，因为，朋友愿意与他在一起，机会也就越多。

3. 同理心

在高阳的《胡雪岩》一书中，也描述了善用“同理心”的艺术：“捡现成要看看。于人无损的现成好捡，不然就是抢人家的好处，要将心比心……铜钱银子用得完，得罪一个人要想补救不大容易。”

有些创业者热衷于搞关系，要知道关系绝不是决胜未来的决定性力量，更关键的还是增加自己被利用的价值。如果自己是个半吊子，哪里来的朋友？找更多机会帮助别人，把握每一个帮助别人的机会，这样朋友就越来越多了。

第四章

方向关：没有方向就没有创业

梳理优势、劣势，找准创业的方向

对于创业者来讲，筛选项目的方向非常重要，这种方向和刚才讲到的资源能力是有关系的。环顾今天中国的创业市场，在任何领域、任何方向，都不乏杰出的青年才俊创业成功，但是对于具体个体而言，创业能不能取得成功，与选择的方向关系密切。

这种方向的背后既有商机的发掘，亦有市场的拓展，还有自身能力的半径。很多看起来非常好的、无与伦比的市场，其实与你没有关系，对于自己能力所及之外的项目最好不要异想天开。选准方向，做好把关，对于创业者来讲，同样很重要。

一般情况下，我们会建议创业者对自身的资源禀赋做一个详细的梳理，比如说结合自己有过的职业工作经历，对自己过去的工作所积累的资源等做一个梳理。对于在校大学生创业来说，也需要梳理，能量和创业方向要有效结合起来。看看你的优势到底在哪些方面，比如说年轻身体健康，有深厚的经验，有广阔的人脉积累，有深厚的背景等等；当然也不能忽略了自己的劣势，比如说因为年轻所以还有很多不足，缺乏远见等等。

对这些优势、劣势进行对比分析后，继续分析哪些是真的会给我们带来好的机会，哪些对我们来讲可能不是机会而是难以实现的美梦，所有这些都需要进行详细的分析。

孙正义是个很有故事的人，我们来看看他是怎么为自己选择方向的。18岁时，孙正义在美国的校园内贩卖从日本引进的一种电子游戏，获利 100 万日元。19 岁时，将袖珍发声翻译器卖给了夏普公司，获得 100 万美元；22 岁就读加州大学柏克莱分校时，设立了 Unison World，多年来经营相当顺利，大学毕业时员工已有 25 人，以 200 万美元将公司出售给合伙人，回到日本；23 岁时，以公司名义进行市场调查，用时一年半，对 40 个行业展开一连串市场调查，拜访过各式各样的人、阅读了许多书籍与资料，分别编制出十年份的预估损益平衡表、资产负债表、资金周转表，以及组织图，还依时序的不同，制作出不同形态的组织图，将结果与检查项目表对照，判断这些行业是不是适合自己投入一生的事业。

孙正义成功了，他的成功与他所做的功课无不相关，他敏锐地把握住了行业的发展预期，结合自己的优势，规避自己的短板，成就了常人难以望其项背的瞩目成就。

我们在审视自己的优势、劣势之时，也不能忘记周遭的威胁性因素，就像前面讲到的要有所预见性。

当 360 免费推出杀毒软件以后，对于其他的杀毒软件公司来讲，一场灭顶之灾已经到来。今天的创业江湖中，危机依然四伏，如何把威胁消灭于无形，对于创业者来讲，这是必须面对的问题，创业者不仅要有敏锐的洞察未来的能力，同时还要有一种主观的内在的对危机的了解。

“微软离破产永远只有 18 个月。”就算是微软这么大的公司，比尔·盖茨也会时时警醒所有人，他认为，没有问题就是最大的问题。他把这种危机向员工释放，要求大家达成共识，懂得规避并消灭危机，确保企业朝着一个好的方向发展，在这个过程中不断强化自己的能量优势。

在寻找创业方向的时候，每个创业者都应该像孙正义一样，围绕相关的产业与行业做深入的分析，在不同的行业和领域内分别有什么样的商业机会，这样的商业机会意味着什么，创业者要紧紧地抓住机会，把握创业方向，直指成功。

未来十年，是中国资本市场摆脱行政桎梏获得更多机会的十年，也将迎来投资市场风起云涌的际遇，包括券商、基金、投资公司等，基本上会把相关的位置、相关的企业牢牢圈定锁住。但是，有没有能力帮助企业嫁接更有效的资源，进行资本资源、产业要素的整合，为企业进行后续的辅导帮助，则需要创业镐头这样的专业团队来提供全程的服务。对于创业者而言，企业应该始终保持一种清醒和明晰的方向，向着最适合自己的市场进发、耕耘，牢牢地守住自己的能力半径，勿忘初心，否则，南辕北辙的历史又会重演。

一心向着目标努力的人，整个世界都会为你让路。

从蛛丝马迹中充分挖掘商机

没有什么是唾手可得的，所有成功都是自己争取来的。所以，要不断发现生活中的商机，为自己的创业寻找灵感。比如马桶盖事件，国人在日本大肆采购马桶盖，这事在国内炒得沸沸扬扬，财经作家吴晓波围绕这件事写了一篇文章，对“中国制造”发出呐喊。国内的一些马桶厂商，充分利用这个商机，拼命宣传自己的产品可以达到日本的水平。产品本身如何，我们不得而论，但这选择商机、挖掘商机的过程值得创业者借鉴。

过去的温州商人、福建商人，他们的成功很大部分原因就在于从中国的产业发展空间中找到商机，发掘出来以后，整个村子甚至十几个村子、几十个村子共同投入到作业中去。这种商机的挖掘，以某个产品为主导，一条街、一个乡镇，甚至数十个乡镇集中发力，带动了区域经济的快速发展。

利润的核心定律是，利润隐藏在产业链最薄弱的环节中，这些环节就是“利润池”：利润其实就是客户给予那些修补产业链薄弱环节的勇士的奖励。为了发现利润池，企业必须首先发现产业链的薄弱环节。衡量产业链强弱的标准只有一个，那就是客户价值。在奥地利首都维也纳有专门为50岁以上老人服务的购物场所，其标志为“50+”超市。“50+”超市创意很简单，但又很独到。超市货架之间的距离比普通超市大得多，老人可以慢慢地在货架间选货而不会显得拥挤或憋气；货架间设有靠背座椅；购物推车装有刹车装置，后半截还设置了一个座位，老人如果累了还可以随时坐在上面歇息；货物名称和价格标签比别的超市也要大，而且更加醒目；货架上还放着放大镜，以方便老人看清物品上的产地、标准和有效期等；如果老人忘了带老花镜，可以到入口处的服务台去临时借一副老花镜戴上；最重要的是，超市只雇用50岁以上的员工。这些措施受到老人顾客的欢迎，增加了他们的信任感。从中获益的不仅仅是顾客，雇用的12名员工又可以重新获得了工作，他们十分珍惜这份工作，积极性特别高。“50+”超市由于替老人想得特别周到，深受老人欢迎。同时被其他年龄层（例如带孩子的年轻母亲）所接受。“50+”超市商品的价格与其他没有特殊老年人服务的所有超市一样，营业额却比同等规模的普通超市多了20%。

对于创业者来讲，商机的挖掘意味着创业的成功率。

这两年，我在中国的不少高校担任校外导师，发现了一个非常不好的现象，那就是很多大学生都属于书呆子创业，他们没有办法发掘生活中很多人甚至包括企业的内在诉求，创业项目基本上还延续着过去的传统项目，而这种传统项目，没有了吸引人的激情，市场空间也少得可怜，市场容量也已完全被挤压，所以不会有投资人投资。没有商机的项目做起来也是没有意义的，根本没有办法获得长远的成长。其实最好的策划导师就是消费者。

每种资源的背后就是一种商机，就看你能否把握住。有了这种商机以后，就能做最有容量的市场，当然这个也不绝对，这取决于你的能力半径。如果你的能力特别强，那你就去做最肥市场的引领者；如果能力不够，可以去“傍大款”，和最优秀的企业结盟，实现良性合作。就像日本的德川佳康，当他能够成为一代君主的时候当然就跳出来，但当他觉得自身实力还不够，就和前面两代霸主进行有效合作，给他们做一些辅助性的工作。把握好眼前的商机，切忌好高骛远，根据自己的能力半径，做最适合当下的事。

在这样一个风起云涌的时代，确实是创业最好的年代，大家群起而争之，想要成为微笑曲线两端上扬部分的最大受益方，而不是成为微笑曲线下沉地带的最低受益方，这个过程就是对商机、对有效市场的一种把控，而这种把控建立在自身能力半径之上，只有依托自身能力把控商机，才不会在方向中犯错误，同时又能够抓住最好的商机，然后开始良性地耕耘。

服务好主要客户是责无旁贷的，但也要注意到，许多突破性的机会恰恰存在于非主流客户群之中。对于今天的中国企业，一条有效的策略是从非主流客户入手，在产业价值链的中低端开始建立自己的根据地，然后逐步沿着产业价值链向高端移动。

用减法校正方向，保持企业的核心战斗优势

在把握创业方向关的时候，我们除了需要正确地审视自己，清醒地应对外界的风险，还有一件一定要做的事，那就是要有做减法的心态：少即多，慢即快。我们都知道，中国能够成就像万科这样的大企业，当然与中国房地产的黄金二十年有关系，但同时也有很重要的一个原因，那就是万科懂得做减法，在刚开始起步的时候，万科无限地在做加法，基本上所有的业务都做，后续却义无反顾地做减法，牢牢地守住自己的核心能力，专注于住宅地产。

会做减法成就了今日的万科，以及内部优秀的文化氛围，使得万科专注于自己的领域，深耕商机肥沃的市场，正是这样一种对方向的专注，使得万科在过去的若干年内，从不偏离自己奋斗的方向，兢兢业业地围绕自己的核心竞争优势，围绕着客户诉求，获得了资本市场的高度认可，同时也赢得了广大万科业主的尊重。

万科让我们看到了在一种方向上的努力坚守，终能开花结果。当然，在过去的二十年里，中国的房地产进入黄金时代，房地产、建筑及相关行业赚

得盆满钵满。当然，一个国家经济的腾飞，对几乎所有行业都敞开胸怀带来了机会，在房地产红得发紫之时，也有另一批企业坚守本行，心无旁骛，聚焦发展，不要虚假的规模，不要泡沫的利润，同样获得了巨大收益。事实无数次证明，专注成就伟业。

除了定位的聚焦减法外，国内也有一些企业将原有服务和产品简配，取得了较好的效果，比如如家连锁酒店。如家针对的是追求简洁高效的服务模式的商旅客户，简配了星级酒店繁琐而用处不大的服务和设施，这也是一种创新。中国是一个成长中的新市场，许多客户尚不能消费高端的产品和服务，所以企业应该适应市场的发展，提供恰如其分的产品和服务。这样的思路对于中国不少创业者都有借鉴意义：顾客要的只是墙壁上一个空调洞，商家却要求顾客购买一个钻机，这不合理。

很多创业者在创业过程中，因为野心的膨胀，不断地将业务往外辐射，但能力和资源跟不上，最终导致出现危机。当然，也有人坚持自己的一亩三分地，做精做强，比如 BAT 相关的企业就是沿着自己能力半径不断向外围辐射，不断向外拓展，获得了更大的收益。对于更多的企业来讲，如果我们不具备相关的能力，那就一定要收缩自己的阵地，踏踏实实做减法，牢牢守住自己的能力半径，真正在细分领域、垂直市场上精耕细作，这样才能确保自身的健康发展。

辩证看待创新，高手的招数往往简单至极。国内不少创新企业的营销赢在灵活性，也输在灵活性。有的时候反而需要一种时间的力量，依托这种力量在一代人几代人心目中构筑经典。比如央视的春晚、日本的红白歌会、美国的超级碗、奥斯卡的颁奖礼，其实都可以不用太创新。这些承载了时间分量的东西只需要在细节上不断创意，就能焕发生机。就像冯仑调侃的那样：“时间决定一件事的性质，赵四小姐 16 岁去大帅府跟张学良，她去 1 年，是作风有问题；去 3 年，就是瞎搅和；一去 30 年，那就是伟大的爱情。”

为自己营造创业内在环境

今天媒体对创业大环境的描述甚至可以说是喋喋不休，当今确实为创业者提供了迄今为止最理想的创业环境。不过，创业不仅仅有外在环境，还有内在环境。当失控成为创业的常态，我们该如何把控呢？

现在很多论坛活动都在推陈出新，嘉宾演讲的环节，现场的大屏幕上会播放弹幕。在弹幕上，网友的问题千奇百怪，有人哗众取宠，有人诙谐有趣，出现一条好玩的内容，现场观众就会哄堂大笑。也有人打赏发红包，有了抢红包的骚扰，很难让观众全情投入听讲。这让演讲嘉宾很不适应。 如果用一个词概括，那么最好的词是“失控”。

“失控”其实就是我们的创业环境。对于这样迅猛变化的外在环境，你是不是有变动不居的执行方略，你是不是也有柔性灵活的应变预案？

不妨看看我们的处境：

全球化、欧美制造业回归、工业4.0(从德国延展全球)，这些热词刷爆网络。

当前中国正在风驰电掣的城市，基础设施及公共服务都面临极大匮乏，智慧城市在生根发芽。

互联网+、大数据、物联网大行其道。

互联网金融、股权众筹、新三板、Q版风起云涌。

大众创新、万众创业，一个众创的时代扑面而来。

颠覆创新，新商业文明正升级换代。

在互联网思维启蒙下，跨界打劫、逆袭、弯道超车比比皆是。

这是一个波澜壮阔的时代，这是一个大变革的时代！正如狄更斯先生所言：

这是一个最好的时代，也是一个最坏的时代；这是明智的时代，这是愚昧的时代；这是信任的纪元，这是怀疑的纪元；这是光明的季节，这是黑暗的季节；这是希望的春日，这是失望的冬日；我们面前应有尽有，我们面前一无所有；我们都将直上天堂，我们都将直下地狱……

创业者就是演讲嘉宾，面对播放“弹幕”时的尴尬当然不必瞠目结舌拂袖而去，还要镇静自若地讲下去，创业者对环境要有调侃和驾轻就熟的统驭能力。这需要睿智，更需要历练。

我们深知：当前创业更需要综合的能力，不再可以靠着一招鲜走遍天下。产品经理、UI 设计、商务拓展、公关、编辑、策划、品牌、广告、融资……其背后是管理能力、产业思维格局和资本运筹水平，缺一不可。

井底之蛙走到海阔天空需要付出异乎寻常的努力。创始人和团队之所以需要不断学习和成长，就是要不断突破见识和能力带来的天花板，不断超越自我。我们不妨看看 TCL 集团董事长兼 CEO 李东升先生的一篇雄文：

鹰是世界上寿命最长的鸟类，它一生的年龄可达 70 岁。

要活那么长的寿命，它在 40 岁时必须做出困难却重要的决定。这时，它的喙变得又长又弯，几乎碰到胸脯；它的爪子开始老化，无法有效地捕捉猎物；它的羽毛长得又浓又厚，翅膀变得十分沉重，使得飞翔十分吃力。

此时的鹰只有两种选择：要么等死，要么经过一个十分痛苦的更新过程——150 天漫长的蜕变。它必须很努力地飞到山顶，在悬崖上筑巢，并停留在那里，不得飞翔。

鹰首先用它的喙击打岩石，直到其完全脱落，然后静静地等待新的喙长出来。鹰会用新长出的喙把爪子上老化的趾甲一根一根拔掉，鲜血一滴滴洒落。当新的趾甲长出来后，鹰便用新的趾甲把身上的羽毛一根一根拔掉。

5 个月以后，新的羽毛长出来了，鹰重新开始飞翔，重新再度过 30 年的岁月！

管理者要在变革中承担起重大责任，并且要勇于对自己进行变革。正如哲学家 W·罗杰斯所言：“给我们造成麻烦的不是我们不知道的东西，而是我们已知的东西原本不是这样。”更何况，那么多的人沉浸于习惯中，面对外部变化的世界，根据思维习惯做出自以为是的判断。小时候读刻舟求剑的故事觉得很滑稽，生活中怎么会有这样呆笨的人呢？真正进入社会后，发现刻舟求剑的人比比皆是。

当内在环境也足够波澜壮阔，那么也就有了坐看云起落子从容的心境。

用行业领袖的思维引领发展方向

用行业领袖的思维引领发展方向，需要跳出行业本身，思考行业的未来发展方向，洞察产业的未来发展趋势。

基于物联网、大数据乃至共享经济支撑，医疗健康、旅游、教育、养老、游戏等都有宽广的未来，您创业选择的行业是否在这样的跑道上？

以共享经济模式为例。正是基于对人类未来共享经济的深入研究，抓住“人人模式”，Uber、Airbnb 等企业获得了迅猛发展，国内的红领酷特更是做到了“人人是消费者、人人是设计师、人人是企业家”。既然一家服装企业能够做到，那么招聘猎头公司、音乐制作公司、培训公司是否也可以借此浴火重生？

在管理模式、商业模式上进行创新，也要“学先进，傍大款，走正道”。

前一段时间，有一句话很火的网络用语：“土豪，我们做朋友吧！”创业者也需要有这种气度，主动和业界大佬做朋友，主动向大佬沟通请教，比方说，请教未来某个行业的发展态势和发展空间，以及对这些行业空间的未来布局的思考，这对自身的创业将会有很大的帮助。能经常向业界大佬学习处事方法、商业嗅觉、思维逻辑等等，这都是创业路上最宝贵的财富，

对一个行业的判断，除了需要科学量化分析，相关的大量原始数据调查，大数据的引进外，还要关注行业内的精英和领袖级人物。他们的直觉对于创业中获得相关资源，坚守发展目标和方向，获得比较强的心力，很有帮助。

好的创业者一定是八面玲珑的，这个八面玲珑不是贬义词，你要不断与你的上游和下游、左方和右方人员进行充分、深入、细致的沟通和交流，不仅要了解行业领袖和专家对行业的判断，同时也能够从具体而细微的地方判断具体的经济形势，发掘出自己的机会来。

只有一代又一代商人你追我赶，才能实现大商崛起。当年，韦尔奇成为GE（美国通用电气公司）的CEO后，决定对GE的业务结构进行全面的调整，退出一些对GE而言已经利润微薄或缺乏竞争力的行业。韦尔奇要求所有的业务单元“要么成为行业第一或第二，要么被淘汰”，他巧妙地重新定义了战略“撤退”，这不仅消除了外界对GE战略调整的疑虑，也使组织统一了战略调整的目标。

创业者要善于向“土豪”们学习，学习他们如何制定战略，优化组织。对于很多创业者而言，磨刀不误砍柴工。进行项目筛选、架构设计、管理思维学习的前期，一定要抽出时间对行业的发展方向、企业的发展方向、产业的发展方向，以及产业和金融未来组合的发展方向，做深入的关注和研究。只有这样做，才能找到商机，才能找到最肥的市场，才有可能保证自己有定力做减法，专注向相关的方向推进。

当一个道理被世界上大多数人所理解，那么这个道理也就大幅度贬值了，一个好的创业方向起初一定是不为多人理解和认可。如果一个转型的决策等到公司内的大多数人都理解，行动的最好时机也就基本丧失了。

尤吉·贝拉有句永恒的经典之语：“当你面前出现两条路时，走那条小路。”

切记！长期来看，投机必输。

第五章

团队关：打造你的攻守同盟

选好合作伙伴，铸造三个共同体

众创时代，没有成功的个人，只有成功的团队。

在企业的运作过程中，团队建设和商业模式，是创业过程中两个非常重要的内核，决定了项目走向成功还是失败，决定了项目是否获得投资人的认可。

团队对于创业起着非常重要的作用，前一段时间听到徐小平先生的一个演讲，他认为创业的基础就是团队和股权结构，他在那次演讲中讲到三点：

1. 一个创业者一开始只能做一个产品，一个方向，这是整个创业的一个天条；

2. 如果一开始就把主权让出去，60%给出去，再伟大的企业也做不下去；

3. 只要把事情做起来，这个股份多少不重要，这是错误的。

徐先生的总结让我们明白，团队绝对是投资者关注的一个重点，那么如何才能构建一个优势互补、股权合理、齐心协力的团队呢？

近两年来，随着投融资市场的火爆，我们常能看到一种现象，当投资人约见团队的时候，他们精诚团结、士气高涨，可进入接下来的运作阶段时，却发现团队是比较分散的，没有形成紧密的合力。个中原因就是很多一起创业的伙伴，彼此都有一些资源和能力，彼此都有其他大量的社会事务要做，所以很难把全部精力投入到创业项目中来。

创业的伙伴不能够全身心地投入到创业项目中来，或者说不能够把绝大部分的精力投入到创业项目中来，在团队内部是不公平的。有些团队成员每天兢兢业业，加班加点，而另外一些成员晃一下就不见了，整天见不着人影，长此以往，这个团队必定会分崩离析。

还有一种现象，团队成员参与到几个创业项目中，同时做着许多的事情，脚踩几只船，由于精力过于分散，最终一事无成。

要想致胜团队关，如何有效地选好股东，如何有效地选好团队的小伙伴，事关全局。如果大家各怀心事，创业团队就没法在内部打造出一个高效能的队伍，后期的运作就会麻烦重重。

对于一个创始人来讲，选择团队伙伴太重要了，在进行前期团队组建的时候，一定要花很多精力，拿出很高的成本来具体地思考这件事情。我见到一些团队创始人，在招聘一个员工的时候，会想很多，比如怎么保障员工的投入，怎么让员工的能力符合公司的发展等，但是恰恰选合伙人的时候，却变得简单粗暴。或许因为过去是同学、同事、朋友等，情感战胜了理智，自认为彼此深入了解，就非常草率地把对方引入自己的核心团队，为项目的后续发展埋下了隐患。短期看，有些人承诺会投入资源，有些人承诺会介绍一些关系，但是越往后走，你会发现他们开的都是空头支票，没有一件事情能落实兑现，这对团队的整体建设和运作是非常不利的。

团队的建设过程中，骨干成员要把团队建设作为一个核心的重要事情来对待。一个紧密的团队一定有着比较清晰的股权制结构，股东之间一定要有基于法律的相关协议，而不是简简单单的口头约定，有了内部协议，这个团队就能紧密聚合，形成一个连锁战队。公司内部要有非常好的治理结构，包括有符合科学规范的董事会、股东大会、监事会等。

团队是否能成功并发展壮大的一个主要原因就是团队是否开放。具体表现在：

1. 开放的工作氛围。说到团队，众人都希望自己所在的团队有民主、平等的氛围。

2. 开放的职务。各岗位负责人完全根据业绩提升、免职、开除。这种职务的开放从制度上保证了团队人员凭能力上岗，保证了人才的使用。

事实上，开放也是走出成功魔咒（自我设置局限）的核心要素：爱迪生发明了许多与电有关的产品，并建立了自己的电器产品企业。在他的企业如日中天的时候，1882 年，二十几岁的技术员特斯拉建议研究交流电动机，并希望得到爱迪生经济和技术上的支援。但是爱迪生拒绝了这个建议，坚持交流电动机是没有前途的。特斯拉只好带着自己的研究项目去了美国企业西屋公司，并在其鼎力支持下，造出了世界上第一台交流电动机。1898 年，在尼亚加拉大瀑布建造世界上第一座水力发电站时，采用了特斯拉发明的交流电动机，将电流传输到距发电站 35 公里外的布法罗市，而爱迪生发明的直流电动机当时无法将电流输送到 1 公里之外。

说到底，基于开放特质团队建设的目标是为了打造三个共同体：

大家有共同的利益，共同的价值追求，还有共同制订的制度约束，彼此成为休戚相关的利益共同体。

大家有共同的志趣和人生的追求，共同的精神追求，共同的信念，还有共同的思考，就会从利益共同体走向精神共同体。

大家把彼此的心聚拢到一块，同呼吸、共命运，这个时候又有了命运共同体。

这三个共同体的打造，其实就是团队运作不断进阶的过程。

组建创业团队，不可能一帆风顺，团队成员之间总需要有一个彼此了解、磨合的过程。几个人决定合伙创业，初期并不是团队，只能是一个团伙。如何对创业队伍实施有效的管理，如何将队伍内部文化做到渗透融合，将是一个必须面对的课题。

历史上，曾国藩打造了“胜则举杯相庆，败则拼死相救”的湘勇精神，成为队伍凝聚成团队的不二心法。当今杰出企业家任正非先生数次在华为公司内部谆谆教导，一定要继承发扬“胜则举杯相庆，败则拼死相救”的作风，只有这样，才能解决好人与人之间、部门与部门之间的协调配合，提高整体效率。

达成团队共识，齐心协力共进退

扯旗杆、拉队伍不难，难在找到特别合适的成员组建一个真正的团队。如果说大家都对这个企业持有股份，它是更深层次的锁定；如果没在股份分配中达成共识的话，那么大家至少要找到志趣相通的地方，也就是说正在做的这个事，一定是大家骨子里认同的事。

当一个队伍能够真正地凝聚成团队，有着共同的愿景，那么，每个成员都会发自真心地想为团队做事情，这样一来，团队的管理变得相对简单了，甚至超过我们前面讲到的治理结构的局限。从本质上来讲，治理结构是对人的一种约束，内部建立起规范的治理结构，比如说董事会、股东大会、监事会以及其他相关的治理机构，这种治理结构的目的是为团队内部协调服务。对团队最有效、最核心的打造是来自于成员对事业的认可，一个人如果能通过一件事情实现自我价值，那他就找到了心安之处，就没有理由不全心全意地付出，面对这样一群团队的铁杆成员，企业在推动相关工作时就变得相对容易。创业者一定要闯过的团队关，就是要打造一支精干、务实、高效、上下同欲、齐心齐力的团队，让大家达成共识，步调一致。

蔡锷在任督军时，专门编撰了一本《曾胡治兵语录》，书中系统探讨将才、用人、尚志、诚实、勇毅、严明、公明、仁爱、勤劳、和辑等治军问题。主张选将要慎重，为将要智勇兼备，练兵要严格。无充分准备不轻言战，蔡锷的《曾胡治后语录》对今天的创业与团队建设仍然有指导意义。

创业合伙人之间，一定要达成共识，互相沟通，互相有无，彼此依赖，能够心心相印，团队才能体现出内部的协作力。打造精诚的团队，让内部能够凝聚共识，有了共识，团队就会向着好的方向发展，否则，就会像前面讲到的分子布朗运动一样，强烈的内讧会让大家四分五裂。

相互理解、宽容是团队合作的根本。

注意吸纳那些在工作上具有主动精神的人才，他们所完成的工作，总是超过你所要求的数量和范围。真正的栋梁之材，他们会利用这种主动精神推动企业正常运转，使企业得到持续的发展；真正的栋梁之材，告诉他你对他的认可，感谢他并且鼓励他，让他们感觉受到尊重。即使你不能完全满足他们的要求，他们仍愿意与你共同工作。

用合理的规则管理团队

任何团队的建设都离不开合理的管理规则。

清晰的团队文化，完善的治理结构、共同遵守的管理规则是企业的传家宝。

中国有句老话：亲兄弟也要明算账。合伙一起共同做一件事情，在经管上，特别是在股权分配、账务处理上，必须明明白白、清清楚楚，先定规则再做事。如果一家企业的发展不是靠规则而是靠兄弟情分，最后必然会出现纷争。中国礼仪之邦的文化氛围下，我们往往会把兄弟情分看得更重，把契约精神看得很轻。创业伊始，大家激情昂扬，什么事都好说，后面涉及利益纠纷时，翻脸比翻书还快，没有提前做好制度规章的约束，兄弟一夜之间成了对簿公堂的仇人。

刘、关、张“桃园三结义”打天下，也并不是天马行空、肆意乱来，刘备是大哥，永远都是大哥。在商业社会的今天，很难再如此感性。只有建立合理的管理规则，让规则为团队成员提供保障，大家才能更好地在同一个平台上平等共事，减少不必要的纠纷。

复盘刘、关、张这样一个三人团队，他们哥仨儿亲如兄弟，其他人就很难参与进入核心，或者说有能力的人不愿意进入到这样一个组织，谁也不想被边缘化。刘备三顾茅屋，完全是用真诚打动了诸葛亮。蜀国到了后期，诸葛亮数次出征，蜀国已经无人可用，兄弟式的团队早就为后来的结局埋下了祸根。

由此可见，清晰的内部治理机制能够使团队更加强大，反之，企业内部没有办法形成对外围人才的持续吸引与凝聚，到最后，只能是“蜀中无大将，廖化作先锋”。

一个真正强大的团队，大家要有能量、有能力、有胸怀，既要有核心，还要让更多的外围人才进入到核心。

当年的新东方，俞敏洪、徐小平、王强三足鼎立。俞敏洪认识到这样的兄弟格局有局限，考虑到未来的发展，他快速把这种基于兄弟情感、同学友谊所建立的团队做了必要的调整，为新东方的进一步成长奠定了良好的基础。如果还是当年哥仨儿这样一直做下去，新东方到今天可能默默无名，甚至已经垮了。

电影《中国合伙人》有一句台词：“不要和最好的朋友合伙开公司！”王强对此有自己的理解：“我倒觉得恰恰相反，如果一个企业要真正做大，你一定要跟那些志同道合的朋友在一起做，但前提是，这个友情的野性一定要被程序正义的理性驯化。如果没有这一点，你的友情不足以支撑一个企业的正规化治理，它一定会分崩离析。”

千钧重担一个人无法挑起来，创业同样如此，你必须寻找合伙人。然而，并不是每一个人都适合成为你的黄金搭档，你必须以开放的心态融合更多的人才，建立一种合理的管理机制。进行团队构建的时候不要吹毛求疵，多看对方的优点，发挥对方的长处。用人就是用人的优点，即他拥有的最长的那块板，而他的短板则需要用团队其他人的长板来弥补。只有这样，团队才能高效运转。

怎样才能把有用之人都吸聚到自己的身边？人才要怎样才能为我所用？要想天下英才尽数归入，有效地把团队里的每个人聚合起来，就要懂得用人之长处。在团队打造的时候，对于黄金搭档与其他团队成员，要实行一套折中的兼顾方案，既要让核心的团队实现完全利益的捆绑，又要留有开阔的空间让更多的人加盟进来，融入进来，并且能在这个平台上各自发挥所长。

在团队的建设过程中，一定要有一个更高的利益服从点，那就是整体利益最大化。首先要确认团队的整体利益，在整体利益最大化的基础上，兼顾每一位团队成员的个体利益。整体大于个体，同时充分尊重个体，搞好团队建设，这是每一个创业者，尤其是核心的合伙人应该殚精竭虑地思考并且践行的。

站在长远发展的角度构建团队

团队里的每一个人，扎扎实实地聚合在创业目标的大旗下，为团队贡献聪明才智，实现整个公司良性运转，并且能实现自我抱负。对于团队的创始人来讲，这是一定要明白并长远考虑。

要清楚团队建设过程中需要什么样的人，企业成长的各个阶段需要什么样的人才。

在刚开始创业的阶段，我们需要的是开疆拓土的创业人才；

拓展市场时，需要长袖善舞的销售精英；

企业初具规模，我们需要尽职尽责的守成人才；

资本运作阶段，需要专业背景的职业经理。

在企业处于不同的发展阶段，把握主次轻重，面对不同的任务建构团队，团队建设才能够做得顺顺溜溜。

不同的阶段构建团队的侧重点不同，对创业者来讲，这项重要而艰辛的工作必须直接面对。

有这样一种说法，要让能听得见炮火的人来指挥军队作战，事实正是如此，一线的员工在外冲杀打仗的时候，高层管理者一定要有为团队成员奉献、服务的意识和决心，要做员工的服务员，有了这样的意识和决心，团队内部必然能够建立起融洽的关系。

北大纵横是管理咨询行业的领导品牌，在团队的内部打造上，坚定不移地推行内部全员的一致平等性。作为创始人，王璞没有自己的司机，没有自己的办公位，不签字等等，这实际上是为经营群体打造一个非常开放、透明、平等、民主的文化氛围。有了这种文化氛围以后，就能吸引一大批志同道合的人加盟，使团队的业务发展蒸蒸日上。

很多企业的老板具有长久经营的意识，考虑到企业的未来，会提前做一些人才的储备。比如说需要高级工程专家，而这些高级工程专家各方面的具体情况，他都能做到心中有数，会定期和猎头公司的人密切互动，对相关人才的供给情况了如指掌，并保持与某些关键性人才交流互动，以便随时为自己补充人才资源，对于重点关注的人才，他也会时不时地约人家喝喝咖啡，打打高尔夫，保持密切联系，提前布局，这样一来就为这些人才在合适的时机进入到企业埋下伏笔，最后吸引人才加入到团队中，水到渠成。

很多老板深谙此道，他们对团队人员密切关注，能够在后续的人才选用预留的环节中做到游刃有余，把一些具有丰富行业经验、具有很强的战斗力的人，慢慢团结到自己身边，为我所用，形成人才的梯队，相当于为企业的长远发展买下一份保险。

唐骏在微软时给自己定了一个规定：

“不和任何员工成为个人朋友；

“不和任何员工在公司之外进行单独交流；

“任何人进入公司以后都一视同仁。”

这对管理者而言是一个不小的挑战，是构建自由、民主、平等文化的基础，也是让员工敬业和快乐的不可或缺的因素。

在团队构建时，还需要知道组织的边界。管理界有个苛希纳定律：如果实际管理人员比最佳人数多两倍，工作时间就要多两倍，工作成本就要多4倍；如果实际管理人员比最佳人数多3倍，工作时间就要多3倍，工作成本就要多6倍。

正所谓：人多必闲，闲必生事；民少官多，最易腐败。

团队工作不是捆绑，而是协同配合

两个人想要一辈子在一起，所以结婚了，但这并不是一种捆绑，也有人会因为各种原因选择离婚，离婚后又开始了另一段幸福的婚姻生活。

创业团队也是一样，大家因为某种共识，走到一起，但不等于他们就得一辈子捆绑在一起，在某一个平台上，大家基于共同的目标，一起努力了、奋斗了、成功了。企业组织要保持一种开放的态度，鼓励他们追求更高的人生梦想与目标，鼓励团队成员的再度创业，在更高一个层次上重新组建带有新鲜血液的团队，只有这样，团队才能焕发出新的活力，不断达成更新更高的目标。

可以这样说，我们不能要求另外一个人完全绑在这个事情上，绑在团队上，对创业团队的管理，更主要的一点是照顾每一个团队成员内在的梦想诉求，不仅仅是在工作中获得收益，更是一种荣耀感、成就感，还有内在的自我价值的实现，争取让每个人内心的天使能够翩翩起舞，让每个人都能像雄狮一样焕发出内在的力量。团队管理绝不是一种简单的机制或者文化的绑架，而是大家互相支撑，互相配合，互相协同，从而实现共同的目标。在创业前期，需要大家聚焦精力，每一个人都应当全力以赴，把它作为生命中一段非常华美的经历，全心全意地付出，对创业者来讲，这是一个基础要求。前期大家共同实现了初步目标，共同陪伴着走过了一段创业的艰辛之路，未来大家是不是还能一起走下去却不一定。当然，能够一起走下去更好，毕竟彼此形成了合作的默契，不能走下去则彼此祝福，各自做自己的事情，也是蛮好的结果。

学会团队一起工作，对创业者来说是一种非常重要的能力。我们去研究企业战略、企业文化、人力资源，背后实际上都是在做同一件事情，就是打造团队，督促一个团队追随同一个梦想，同一个目标，让一个团队能够冲破自身的局限，冲破单人的局限，获得更大的收益与发展，这是创业团队在能力上应该具备的一个关键点。

一位著名企业家在作报告时，一位听众问他："你在事业上取得了巨大的成功，对你来说最重要的是什么？"

企业家没有直接回答，他拿起粉笔在黑板上画了一个圈，却没有画圆满，留下一个缺口，并反问道："这是什么？"

"零"、"圈"、"未完成的事业"、"成功"，台下的听众七嘴八舌。

企业家说："其实，这只是一个未画完整的句号。你们问我为什么会取得辉煌的业绩，道理很简单：我不会把事情做得很圆满，就像画个句号，一定要留个缺口，让我的下属去填满。"

创业团队要想拥有这样的共识与意识，就应该把真正的管理知识、格局修炼作为自己学习的重要功课，发挥出团队合力，实现组织有效的协同，从而富有效力，让企业存在的使命得以实现。

就像德鲁克所提的三个问题：我们的事业是什么？谁是我们的客户？客户的认知价值是什么？德鲁克认为，企业如果不了解自己是什么，代表着什么，自己的基本概念、价值观、政策和信念是什么，它就不能合理地改变自己，只有明确规定了企业的宗旨和使命，才可能树立明确而现实的企业目标，企业的宗旨和使命更是确定优先顺序、战略、计划、工作安排的基础，是设计管理职位，特别是设计管理结构的出发点。如果没有办法让团队更紧密地黏合起来，单人的能力再强也无法面对现代产业社会所带来的强大的竞争压力。今天很多看起来前景很好的创业项目中途流产，其原因就是没有做好团队的管理工作，创业成员没有学会如何团队协同工作。

以身作则，赢得团队好口碑

招聘工作的重要性远在绩效、薪酬及培训之上，很多企业老板非常注意招聘的规范性，从创业开始，就在招聘环节中一再强调规范化操作。从简历的筛选，发布面试通知，到具体的交流，以及后续的文件通知，都做得相当规范。这样做一是让所有的事情都在程序之中，按规矩一步一步运作，免得发生对企业造成负面影响的纠纷；二是对人才、对企业负责，为企业找到合适的人才，让人才有成长的空间；三是能提高效率。在中国的很多创业企业里，这方面做得相当简陋，见面随便地聊天，合则留下、不合就连个通知也不发，对人才的考查不全面，甚至有失偏颇。那些相对规范的企业在求职者心中肯定能得到认可，即便不能加入到这家企业，也会在求职者的心目中留下好的印象，对于企业形象、品牌的树立有利无弊。

在这个节奏纷乱的时代，能够急而不躁，走程序走流程，一步一步从容处理，一定是沉得下心做大事的创业者。通常来说，人们会更多通过网络去了解到这家公司的招聘信息后，会通过各种互联网的渠道去查一查相关的信息，看看大家对这家公司的评价如何，有没有负面消息，大家的评价都集中在哪些方面。而这些，对应聘者是否愿意选择投递简历起着相当重要的心理暗示作用。

创业型企业，一定要注重品牌形象，注重口碑传播，要让社会感觉到企业的正能量。创业型企业的特点决定事业发展初期没有办法靠高薪酬、靠好收益、靠大品牌吸引行业精英，只能依靠创业形象、奋斗精神、靠光辉愿景留住人才。这是管理者的责任，只有管理者负起责任来，企业才能兴旺和谐。

充分调动企业员工的积极性，梳理流程、建立规范，让社会对企业有一个更好的认知并给予正面的评价，从而把那些非常优秀的人吸引到身边。在这个过程中，企业的核心人员一定要身先士卒，做好表率，并且要及时发现自己的错误言行，尽早矫正，避免影响团队的情绪。优秀的团队领导人，不仅要做好自己的本职，还要勇于担当、勇于认错，成为团队氛围的调节器。

对于这一点，“罗辑思维”的罗振宇树立了一个好的榜样。前段时间，他专门写了一篇文章《缺了德，赔个罪》，为他们两次引用凤凰周刊主笔王路的文章没有注明出处，向王路道歉。“罗辑思维”对错误没有避重就轻，而是主动站出来说，确实我们错了，这个事情我们做得不对，向王老师道歉，请社会监督。

罗振宇的内部惩罚很有点意思：

事是我们做得不对。无论是版权的审核和作者授权方面，我们做得还不到位，未来肯定加强这方面的工作。当然，以后我们也不可能不犯错，但是“罗辑思维”没有临时工，也没有实习生，每一个错误都是我们团队所有人的错。

1.CEO 脱不花罚薪一月，承担王路老师稿费，剩余款项纳入预提稿费池。

2. 罚自己一天不吃饭。以往一犯错，我总这样。对一个胖子来说，这意味着人生了无滋味。

3. 内容制片人杜若洋不许用公司的按摩椅两个月。

4. 当日内容编辑，自称“小表砸”一个月。

一件本来做错了的事，最后竟然如此高逼格地解决，既解了王路的气，也吸引来了社会关注的目光，不得不说，罗振宇的回应很有意思，也很高明，让粉丝群体对“罗辑思维”更加忠诚。这是利用负面新闻打了一记翻身仗，一记漂亮的胜仗。

比这件事更早一点的时候，凡客CEO 陈年痛定思痛的反省文章火遍网络。我们来看一下陈年是怎么反思的：

2011 年，凡客最热闹时，公司里有一万三千多人，光总裁级的领导就有三四十位，凡客却步步陷入危机。现在，凡客只剩下不到300人，做衬衫的核心团队只有7个人，但业务运转得很顺畅。我不免想，以前那么多人平时都在干嘛？

文章在网络上传播的结果惹来大量网友的吐槽，导致很多人对凡客嗤之以鼻，不但没有起到很好的品牌宣传效果，反而让凡客的品牌价值大打折扣。

作为一个团队领导，出了问题不是从自身找问题，反而为推脱责任找理由，显然不是好领导。

面对事业发展过程中的滑铁卢，团队领导能够挺身而出，能够承认错误并敢于担当，勇于改错，重新调整战术带领大家破冰前行，能够这样做才是真正的好领导，才能领导出好的团队，树立一个好的品牌。

建立良好的进入退出机制

造物必先造人，只有拥有了很好的造人机制，让企业内部英雄辈出，企业才会卓有成效，才能够迎接未来的胜利。而造人的核心要素在于建立良好的进入退出机制。

创业前期，尤其是核心合伙人团队的组建，是很多创业者高度关注的一个话题，该怎样牢牢绑定一个核心合伙人团队呢？核心合伙人团队，既要有进入的条件，也要有退出的机制，就像结婚、离婚一样，需要有一部《婚姻法》做规范。前期内部设置上，要在公开透明、充分协商的基础上，把大家的利益捆绑。

所谓的“结婚”，是说大家在股份层面上如何确定各自的持股比例，大家在内部合作机制、任务分工上如何合作共赢。这样的进入机制，极大地保护了团队的整体利益，也有效地保护了每个团队成员的利益，使得每个人在付出辛劳、智慧的同时，不用担心自己会被队伍抛弃。

所谓的“离婚”，是指合伙人团队设置的灵活退出机制，就是要确保每位成员在不能继续为团队效力的情况下，有一个友好的退出机制，这种机制既是对退出人员利益的保护，也是对其他继续投入努力工作的其他合伙人的保护。

有了这样一种进入和退出机制，企业内部就会有比较好的联络纽带，能够使得内部员工之间实现一体化，规避纠纷与法律风险。等到企业相对比较成熟时，就要对员工进行有效的管理，尤其是员工的选用预留，包括试用期员工管理、招聘、入职体检、保密协议等方面，甚至还包括员工离职以后竞业限制协议、包括如何用法律的形式保护企业的商业信誉等，这些都是团队建设后续性要关注与考虑的地方。

借助传媒的力量塑造偶像风采

我们在讲到团队构建的时候，讲到团队内部如何有效地激发人性的高贵，这是我们今天面向管理所积极探讨的重大课题。

在团队建设中，如何让每一个人获得最大的尊重，获得最大的价值感的满足，这是当今所有的组织进行管理学研究所重点攻克的课题。如何通过一种更有效的手段，当然这种手段除了梦想、愿景与使命的牵引以外，还需要借助于传媒的力量把自己的声音释放出去，吸引志同道合的人来到这个平台。

在这样一个连接各种资源的时代，连接成本变得很低，如何有效地利用各种连接手段和工具，这就要看创业者能否用自己的方式和手段做自己价值的外部传递，输出正向能量，吸引优秀的合作伙伴，大家共同完成事业。

前面我们提到伏牛堂创始人张天一，他在创业艰难之余，仍然坚持每天晚上爬格子、写文章，把他的观点和想法向外部传递，因此获得了大量的粉丝，至少在虎嗅的相关专栏里面，有很多人对他的文笔，对他的情怀，对他的思维都给予了足够的关注和肯定。像吴晓波、秦刚、鬼脚七这些人也都是依托于互联网，写文章，获取关注度，通过这种连接手段，在高效快捷的时代里，不断地塑造自己的个人品牌，从而实现了一种价值与品牌的崛起。

可以看到，只要有势能，就有足够的空间可能获得释放。在今天这样的时代里，每一个企业都要成为一个传媒的意义所在，正是有了这种能力的核心和诉求，使得整个团队在其内部构建上更强调在互联网思维方面的发力，更强调娴熟地运用互联网工具的能力，从而有效地把自己的声音、气质、外形、颜值传递出去，树立起个人尤其是创始人的偶像价值，从而为团队增光添彩。

我一直很关注鹿晗。鹿晗是最近突然火起来的，过去他不是不火，而是没有进入到我们普罗大众的视野中，他线下的粉丝团队十分庞大，大家都默默地捍卫自己的偶像以及他背后的价值理念。当通过百度搜索，通过吴晓波频道，把他推出台面的时候，我们发现，鹿晗在粉丝管理方面，有独到的方法。这本质上也是团队构建的一种方式，这种方式和我们常常见到的依靠股权或给予高额的薪水不同，他依靠的是一个粉丝群体对偶像的深度敬崇的力量，吴晓波是这样评价他们的：

他们很专业，一呼百应却井然有序。自发地买花铺满酒店来装饰偶像会出现的颁奖典礼，他们甚至不屑于用 iPhone6 拍摄鹿晗，他们手里拿的都是长枪短炮的单双反。

他们很有组织。成为理智、有素质的饭圈一直是鹿饭努力的目标，在鹿晗吧的吧规里，清晰地列着“七大纪律，五十余大注意”，而奇怪的是，在这个经常无视规则的社会，他们竟遵守得不错。

他们甚至商业化。线上微博、贴吧运营，线下接机、每个盛典助威等等多方阵地分工明确、严阵以待，形成了有势力有实力的粉丝内核，其本身就有着坚不可摧的病毒传播效应。

这就是新时代的偶像与粉丝。就是这群没有经历过短缺经济的典型的90后——天生的中产阶级潜质拥有者、互联网的原住民——将互联网的商业浪潮无可抵挡推向娱乐时尚界。

他们将小众消费、圈层经济、跨界营销悄然融入进自己的基因里，并去碰撞行业的基因，使互联网经济进军娱乐圈，以及越来越多的领域。这群在长辈眼里不靠谱不着调的“小屁孩儿”已经开始影响世界的走向。

如果反过来进一步深入思考，像网红罗永浩、吴晓波、高晓松等人被网民持续关注，都有这样的影子在里面；大咖马云、马化腾、王石、俞敏洪等，本质来讲，也都是慢慢地成为了创客心中的偶像，媒体在其中发挥了巨大作用。

潘石屹除了卖房子、租房子，还卖苹果，不是乔布斯的苹果，是他家乡生产的苹果，潘石屹本身就是一个自媒体，他的一举一动都有人在关注，他拥有足够的势能，市价每斤4块5的苹果卖到4颗49块，不能不说是偶像的作用在发挥效力。

注重员工的情感诉求

现在的管理，不仅仅围绕着薪酬的发放做文章。许多企业采用宽带薪酬模式，以打破等级观念和等级差别，提升人力资源管理水平，更强调除了高薪和高福利以外，工作本身能不能给人带来成就感和价值感，以及工作边缘延展能否带来成就感。北京师范大学李宝元教授的《平衡计分卡》对此有专门的论述。

惠普创始人帕卡德认为，对待一个企业最重要的，不是技术，而是人才，员工的工作质量对公司信誉有直接影响。这种尊重员工的思想和精神，缔造出了今天这个产业帝国。他主要是从以下几个方面做到尊重员工的：

1. 下属们是你的合作者；

2. 随时肯定下属们的成绩；

3. 给下属们自己的时间；

4. 尊重和包容差异；

5. 尊重下属的不同意见；

6. 尊重下属的选择。

几年前，在给中国移动做管理咨询时，我采访过一个移动营业厅的小姑娘。她说，如果她选择去做商贩卖衣服，她的收入可能要比在中国移动的收入高。

“为什么不去卖衣服呢？”

“很简单呀，就是在中国移动上班有面子，同学啦、亲戚啦，会感觉我的工作很体面。”

显然，中国移动整个团队的形象，在外界看来是非常好的，这是员工选择工作的原因之一。

我还采访过另一个人，这个人家里非常有钱，她的爱人经营了数家煤矿，可谓是日进斗金，她开一个很高档的车去上班，据说每个月的油钱就远远高于她的工资，但是她为什么还是愿意来工作呢？那是因为：第一，她觉得在这个团队工作很开心，比在家里当全职太太要好；第二，在工作过程中，她觉得实现了自己的价值，她出去和人做介绍的时候，不至于说自己是全职太太。

对于企业也是如此，一定要把自身的发展和员工的收益做紧密结合。对于创业企业来说，实施“四挂钩”机制是不错的选择：

1. 销售收入与业绩挂钩；

2. 计件工资与料耗费用考核挂钩；

3. 管理人员浮动工资与日常绩效挂钩；

4. 中高管理层的年奖金与目标利润挂钩。

注重员工的感情诉求，打造更易被员工认可的管理模式，把为公司工作转换为给自己干，尤其在此过程中员工也有了能动性。包括韩都衣舍、“罗辑思维”的内部管理中推行的插盘式创业，就是采用小组制把员工深度激活。以“罗辑思维”为例，除了技术团队和财务之外，全部是纵向编队的战斗小组。举个例子：一个战斗小组，从买手选品、商务谈判、策划创意和文案撰写、商品页面制作、物流监控、全程客服、财务对账，全部由自己小组完成，打通从商品选择到服务的全流程，产生收益，和公司直接按照规则分配，简单粗暴又有效。正是因为利益完全和自己所做的挂钩，没有中间环节的黏滞，公司可以做到：

1. 没有上班的起止时间，没有打卡机；

2. 除了创始人之外，没有层级；

3. 除了财务部之外，没有部门；

4. 除了技术部门之外，没有年终奖。

这样的管理是不是很爽？事实上，今天很多互联网创业的公司都在尝试对传统的管理进行颠覆式创新。

团队比项目更重要

作为投资人，与其说是投资项目，不如说是投资团队。

对于企业领导人来讲，任何时候，对团队建设的重视程度再高也不为过。投资人有能力帮助企业进行商业模式的优化和升级，但是，团队是否能紧密协作？能不能实现优势互补？成员之间对目标是不是有一致的追随性？相互之间是不是彼此尊重并认可？……这些问题，投资人不能越俎代庖。

自然界大雁迁徙时往往排成“人”字形或“一”字形，大雁长距离结队飞行的速度是单只大雁飞行速度的1.73倍。

前面大雁的飞行可以掀起一股向上的气流，从而减少了后面大雁的空气阻力。

当领头雁飞累了的时候就会发出信息，队列中的另一只强壮的大雁就会自觉地飞上去替补。

如果有一只大雁被射杀后，队形立即调整，依然会保持原状不变。

现在，国内许多投资人看项目，更看重人。投资人看好你的团队，认为你和你的团队有高度自觉性，能为自己负责，也能为资本负责，值得信任，即使项目失败了，还会继续投资团队，扶他们东山再起。这种看重团队并持续投资的方式，往往会取得很好的效果。

聚美优品无疑是徐小平先生最成功的投资案例，徐小平从内心里认可了陈欧这样积极向上、富有激情的创业者。这种情况下，就不是创业者找投资人要钱，反而是投资人积极主动地想要让创业团队用他的钱。遇到了有高度责任感同时又能把事干成的创业者及其高素质的团队，把钱投给他们，这是投资人的幸福。站在创业者的角度，站在投资人的角度，求人希望拿到钱和人家主动送来钱，这两种待遇足见团队建设的重要性。

中国有句老话：“留得青山在，不怕没柴烧。”人比其他事都重要，当你的团队足够强劲，团队彼此之间发出光和热也可以温暖、冲破寒冬迎来春花烂漫。很多的创业项目都是在遭遇艰难的时候起内讧，有人临阵脱逃，有人选择放弃，这些都会对创业团队、对创业项目产生致命打击。

我有一个在中关村创业的朋友，当年创业的时候，几个兄弟一起睡在简陋的民房里，一起啃方便面，夜里加班加点写代码。他们曾经是国内派往国外的一支技术团队，应该说彼此间的感情还是很不错的，但因为内部缺乏有效的管理机制，当天使投资人资金即将到位的时候，团队产生了激烈的纷争。企业的大股东兼CEO，在拿了投资人的钱以后竟然把一部分的钱转移到了自己的个人账户，并且在外边另开了一些类似的业务，最后的结果可想而知：内部纷争经久不息、公司业绩持续下滑，这家企业就这么死掉了。

当年，我曾在一家小咨询公司工作，老板在招聘过程中最看重的就是一个的团队品质，至今想来还是印象深刻。6 名应聘者闯进了复试。老板给大家出了最后一道试题：把这 6 个人随机分为甲、乙、丙三组，去调查不同的市场。两天后，6 个人上交了自己的市场调查分析报告，其中三个人被公司录取，原因是他们的调查报告最全面。这三个人调查得到的资料都不一样，他们有意识互相借用了其他人的资料，补全了自己的分析报告，老板通过这种方法来筛选有合作意识的工作伙伴。

单枪匹马行走江湖的时代已经远去了，单纯靠自己很难成功。如果不能有效地聚合起一个和谐的团队，创业就岌岌可危了。无论是马云的十八罗汉，史玉柱的四个火枪手，还是柳传志所带的郭为、杨元庆等，能看到的都是团队焕发出的巨大能量。

当然我们这里也要有团队的进化，团队也要和外部广阔的人力资源供给保持足够的互动。

研究人员发现，不同的狼族群会形成自己的活动“圈子”。在两个不同的狼圈，往往会形成一个“交集”，隶属于两个狼圈的公共领域，这个“交集”的大小由两个狼圈的数量、品质和积极性等因素而异。在“交集”中，两个狼群互不侵犯，和平共处，可以自由交配。令人惊讶的是，在这个地盘里繁衍出来的狼总体上往往优于前一代，但是倘若两个狼群兼并成为一个狼圈后，繁衍出来的后代素质却得不到改进。生物学家从中总结出生物学的“双环定律”：交流、保持一定的距离，形成和谐才能达到进化。

第六章

产权关：
亲兄弟需要明算账

契约精神是产权明晰的关键

产权在现代企业治理结构中的重要性毋庸置疑，产权的背后实际上是企业的控制权和主导权。

有这样一个故事：兄弟三人一起创业，创业初期每个人出了同样的钱，按理来讲，大家应该按照 1：1：1 的比例来分配股权，但是老二在注册公司的时候把自己注册成 60%，其他哥俩各 20%，不过每年大家分红的时候还是按照各人三分之一来进行分割，其他两个兄弟也就没有什么怨言。到了公司发展到第八个年头的时候，一家上市公司看中了他们的业务，就给了一大笔钱并购了这家兄弟公司，款项刚到位，哥俩突然发现老二拿走了 60% 的并购收益，他们心里很不舒服，觉得大家当初的投入是一样的，现在为什么分利益就不一样了？这哥俩就咨询了相关的律师，律师告诉他们没有办法，因为这是一种契约，是一种产权，产权可以得到保护，除非你们当年就说不合理，但大家都没有提出。毕竟是亲兄弟，这哥俩就没有过于追究此事，算是画上了句号。

这种事情发生在谁的身上都会感觉不舒服，从这个故事中我们能看到，产权在现代的企业治理过程中所具有的重要价值。

在分权治理的公司治理结构中，企业内部有董事会、监事会、股东大会，这其实是一种制衡机制，这种制衡机制存在的基础就是企业契约。

产权的背后是什么呢？是企业内部的契约精神。

天则经济研究所的盛洪先生写过一篇文章，叫做《遵循规则，直到伤害自己》。文章中写道：

“尽管自然形成的规则是人们的‘集体最佳稳定对策’，但并不是在每时每刻对所有人都有好处。如果人们在规则有利于自己时才遵循，就不会有规则。遵循规则，就意味着有时会伤害自己。”

“德雷莎修女又说，假如你爱至成伤，你会发现，伤没有了，却有更多的爱。如果我们都遵循规则而不惜伤害自己，我们也会发现，伤害没有了，而我们所有人都会获得巨大的回报。”

现在的企业管理在规范化运作的层面上，越来越强调契约精神和契约原则。整个社会的基础就是契约：股东与企业之间，员工与企业之间，企业与企业之间，都是通过契约来维系关系。一个员工加入到企业中去，和企业签订用工合同，这背后就是说企业和员工之间、企业和政府相关管理部门之间，已经形成了一定的契约关系。如果企业或者员工违反了相关的劳务用工合同法的时候，你只要申诉，政府就有可能过来进行强制性调处。契约关系的建设是现代企业建设存续的基础，尤其是随着现在产业和资本的连接，资本进入到实业中来，背后就是这样一种契约精神，通过契约来分享收益。

比如说股票市场，其产权交易的背后是契约在起核心的约束作用，如果没有契约精神来制约，企业的发展就得不到保障。契约化或者叫市场化，是企业走向未来的基础性保障，如同法制对于国家而言，具有约束校正监督的意义。

打个比方：我买了一套房子，结果房价跌了，我就去把售楼处砸掉；或者说我买了股票，结果股票价格大幅下滑，我就到证监会去静坐。现代公民肯定不能这么做。这么做也毫无意义，因为市场经济中的买卖关系的背后是一种契约关系，买入或卖出都要有承担风险的心理准备。可以说，相关的法律有效地为相关当事人的权责构建起一种非常好的保护机制。

创业的初期，契约精神主要表现在核心团队的股权分配、股权持有、收益分配以及对大家其他权利的保护上。创业的过程中，我们要设立相关的章程，要明确细化股权，要明确分红原则，形成最初的契约，给予每一个投入资本、资源或者劳动力的人最大化的保护，如果没有这样的契约，大家就不敢去做类似的投资了。

现代中国，企业治理一个很大的进步就是把契约精神引入到企业的管理中，这推动了企业和资本之间良好的互动，使得企业的发展有了更大的可能。在《威尼斯商人》的故事里，正因为有契约精神的存在，才会产生一磅肉的约定，若干年前在西方就有这样的契约意识。

契约精神的背后是一种有效的资源合作模式，有各种博弈要素在里面，契约精神替代传统社会中熟人的连带担保，代表着社会的开放和进步。

因此，对于创业者来讲，要充分熟悉相关的法律，对产权治理有清晰的理解和认识，同时在具体的企业运转和作业的过程中，能够时刻有法制意识，能够和同事之间建立健康良性的委托和授权，而不是基于封建家长制或者说是老大说了算的专制关系，这既是保护企业，也是保护自己。

透明运作才能产权明晰

契约精神对企业家、对创业者来讲，其实是更大的保护。在中国，很多创业者，家企不分，很多人会把公司的钱直接拿到家里用，也有人随便把家里的钱拿到公司用，这就带来一些问题，假使将来公司出了相关问题，就会把家庭牵涉进去，很多商业纠纷甚至可能祸及自己的家人。

企业是企业，家是家，财务问题首先要分清。千万别以为处于创业阶段，这些问题可以模糊化，不管是企业拖累家庭，还是家庭影响企业，都不讨好。

万科的王石把万科运作得非常规范透明，并且自己的兴趣爱好追求一点没落下，玩滑翔伞、登世界上的最高的山峰。企业家既要将企业做得风生水起，还要有丰富健康的人生，反之，如果把企业和个人黏糊在一起，整天泡在公司，对企业和家庭来讲都不是好事。

无论对企业家本人还是对企业的管理团队，内部都要有一份透明的契约机制，既保障企业家群体的个人利益，也保障了公司的健康发展。

这两年来，随着中国资本市场的进一步活跃，更多的企业开始进入主板、中小企业板、新三板等等。企业要上市，就更要学会尊重并实践契约精神，学会建立规则并遵循规则。企业上市成功后，企业的信息就要按证交所的要求及时向社会披露，这使企业真正实现了透明化，也是对投资人、股东、员工最大的尊重和保护。

宋山木缺乏对规则法治的起码敬畏，酿成了悲剧，对于这种负面案例，我们应该保持警醒。这个曾屡屡在央视春晚的画面中出现的大胡子，在运作企业的沙盘培训时，给每一个员工取名都在前面加“黄金”二字，比如叫黄金朱、黄金荣、黄金王等，他对员工的要求很细，甚至包括诸多的人身限制。最致命的一点，企业成了他个人专横跋扈的独立王国，很多女孩都遭受过他的摧残。事情曝光后，社会舆论讨伐、民意汹汹，他也因此被判进了监狱，他个人也成为了垃圾人品的代名词。从这个事例中我们看到一个没有契约精神、没有内部规则的企业非常危险，是没有前途的。

产权定位清晰，企业才能良性发展

所有的创业者都需要做好产权学习这一功课，在创业前期就想细想透，必要时还需要咨询相关的专业人士，用专业化的方式确保企业创始人的利益，也确保每一位核心成员的利益。企业构建良好的契约基础，构建规范的股权管理机制，也就奠定了公司长远发展的未来。

产权管理机制对于企业的每一个人来讲，既是保护也是制衡。如此一来，就进入到了一个公民权属、企业清晰治理的时代，这是创业者、创业团队都必须要经历的产权关。

产权类的归属对于企业非常重要，从创业开始就构建清晰的产权关系，为企业的资本引入、后续上市、健康良性发展奠定一个平稳的基础。

创始团队一定要有较大比例的股权，同时团队内部要有相对强势的创始人。在桃园三结义中，关羽和张飞都认刘备为大哥，这是他们三兄弟能够逐鹿中原，最终在蜀建国的重要原因。今天，我也听说很多人拜把子结兄弟，想用这种江湖方式替代产权规则，这实在是一种文化悲哀，摆脱感性的结义团队思维，用股权激励取而代之是大势所趋。

股权激励的本质是公司治理问题，公司治理的灵魂应该是优选经营者的问题。通过中长期的物质激励方式锁定优秀的经营者，方法可以归纳为三大类，分别是：

1. 基于利润的激励，典型的方式是年薪。年薪制大家都很熟悉，不必多说，这种方式的好处是很容易看得见，效果直接，不足之处是年度评估与兑现，相对短期，而且是从当期利润中支出，影响企业业绩表现。

2. 基于价值的激励，典型的方式是期权。期权制大家也不陌生，这种方式的好处是基于企业价值的增长，不用从当期利润中支付，是中长期的，一般是 8、9 年，不足之处对于上市公司更有意义。

3. 基于产权的激励，典型的方式是股权。这类的具体表现方式也很多，如期股、实股、干股、协议转让等，还可以将产权中收益分配权、资产处置权、决策表决权等分别切割授予，避免一旦实施，全部固定沉淀下来，被激励对象变成了原始股东，反而起不到激励作用了。

股权结构要清晰明确

《威尼斯商人》是莎士比亚早期的重要作品，是一部具有极大讽刺性的喜剧，塑造了夏洛克这一唯利是图、冷酷无情的高利贷者的典型形象。透过这个故事，我们还可以看到另外一面，就是十六世纪初期的英国已经有了如此牢固的契约精神，无论夏洛克还是安东尼奥，没有人产生撕毁合约的一丝一毫想法。

其实再仔细想一想，英国在1215年就颁布了《英国大宪章》。大宪章确立了一些英国平民享有的政治权利与自由，亦保障了教会不受国王的控制，同时它也改革了司法，限制了国王及皇室官员的行为。当中影响最为深远的是第三十九条，由它衍生了人身保护的概念："除非经过由普通法官进行的法律审判，或是根据法律行事，否则任何自由的人，不应被拘留或囚禁、或被夺去财产、被放逐或被杀害。"皇室人员都必须依法行事，普通人奉公守法的习惯也就自然养成了。

契约精神是创业的基石，而股权设计又是契约精神之核心所在。大家应熟谙的股权常识包括：

占股份67%以上的老板对企业有完全控制权；占股份51%以上的老板有相对控制权；占股份34%的股东有一票否决权；占股份20%的股东要界定同业竞争权利，不能做同类项目；占股份10%的股东可以申请解散公司。

新的投资将"稀释"所有人的股份，一定要实现大家共同进退；如果投资人最终获得超过50%的公司股权，创始人将感觉自己不重要而且会丧失动力。

……

目光远大的创业者很早就会为公司设计股份进入和退出机制。站在进入的角度来讲，一般会关注三个方面：

1. 创业的小伙伴必须具有创业热情、创业精神，要对事业有高度的认同。

有些人承诺能够获得资源（比如某些重要人物的襄助，比如可以协助获得政府补助等等），这样的人如果只是短期资源的介入者，那么从长期发展的角度来讲，就不建议予他比较大的原始股份。

2. 创业的小伙伴要全身心地投入。如果有人以外围形式或者兼职形式来参加的话，这样的创业团队极难管理也不易持久。创业本身也是一个不断试错的过程，只有你完全参与到logo设计，公司的命名以及业务的开展，甚至每一个细节的执行，你才会真的对公司有感情，你也才能把它当成自己的事业。

3. 创业的小伙伴基本认同创业团队的价值观，并在价值观认同的基础上大家能力互补。毕竟产品开发、市场拓展及内部管理需要不同的能力支撑。

从回报的角度来讲，企业没有盈利之前股份是没有意义的。从内部治理角度来看，股权又和内部决策、规范管理高度相关。大家既然选择走到一起，就不妨约法三章，这个约法三章既是内部规则秩序的源头，也为未来的退出机制奠定基础。

创业伙伴之间是一种黏合度非常强的关系，正是这种强关系把大家团结起来并肩浴血作战。可是这依然不能保证每一个人都能一直在团队里，每个人都有外部广阔的世界和无限多的机会，比如有的人觊觎公务员的工作稳定，也有的人获得了梦寐已久的世界500强的工作机会，这就面临退出的问题，既要照顾到退出者利益，更要考虑到能够让继续创业的伙伴们把红旗插到天安门上。有些企业因为缺乏退出机制，离职人员占有大量股份，而革命尚未成功仍需继续努力的同志却没有了股权激励，这样的创业项目是比较危险的。

一个可供推荐的方案就是执行“股份绑定”计划，并且股份绑定期最好设置股权成熟条件，包括创始人在内的任何人都必须在公司做够起码1年才可持有股份。比如股份绑定计划是头一年给25%，然后接下来每个月落实2%。没有“股份绑定”条款，派股份给任何人都是不靠谱的！至于不成熟的股份怎么退出，应该有一个公允的价格或者前期锁定的价格，这其实本身也是一种人性化的机制设计：

你可以选择留在团队里，兄弟齐心，其利断金，创业成功，大家分享胜利的荣光。

你也可以选择到非洲某个部落做上门女婿，但是事业继续往前推进，大家好合好分。

当某年某月某日你回来以后，还可以到公司里喝上一杯茶，大家神聊吹牛遥想一下当年一起在办公室啃方便面。

良性的退出机制是对人最大的保护，既不绑架个人也不胁迫组织，这是最好的状态。

第七章

融资关：
抓住有效的投资

有效融资，多方共赢

明晰了企业内部的产权，内部的契约规则和治理模式以后，对于绝大部分的创业者来说，他们关注的下一个关卡就是融资。

能否获得有效的资本支撑，是所有的创业者都必须直面以对的问题，无论是正奋力打拼在创业一线的创客，还是企业做到了一定规模企业家，其实都面临着融资问题。

新三板的起航为中国民营企业家融资拓宽了渠道，奠定了发展的基础。这两年来，随着天使投资、产业并购、PE、VC 的介入，创业企业想要找到资金，变得比过去相对容易很多。在过去，民营企业想要成功从银行拿到贷款，尤其是在没有抵押的状况下，是相当艰难的事情。

在今天金融迅猛变革的时代，这样的门槛正在逐步被打破，计划经济坚硬的堡垒正逐步溶解，但我们还是要警惕，市场经济的相对乱象也在不断地出现，对投资人、创业者都存在相当的风险。

融资关必须在阳光下、机制中走稳每一步路。我们应该向徐小平、熊晓鸽等这样的天使投资人致以深深的敬意，他们在投资过程中可能会有丰厚的收益、回报，但他们确实为创业者带来了更多的希望，正是因为他们这些天使投资人的存在，给创业者带来了更大的想象力，也引发了他们梦想的升腾。

对于创业者来讲，如何通过有效的融资渠道去寻找合适的投资人，至关重要。很多创业者不仅关注投资人给予的资金上的支持，还惦记着投资人背后所能给到的资源供给。“创业镐头”在自身的运作过程中，希望投资人越来越垂直化，每一个投资人都有自己专注的方向，这样更利于资源的对接，其核心还是专业的人做专业的事。比如说，专注于生物医药，专注于大健康，专注于机器人，因为专注不仅让你有资本去投入细分的领域和行业中，同时还可以将丰富的资源嫁接到创业企业。专注所带来的专业性，能够使得资本和项目之间的对接异乎寻常的顺畅，能够快速筛选出最优秀的项目予以投资，能够快速找到投资人获得有效的投资，这实际是一个多方共赢的关系。

随着有越来越多的人进入到天使投资行业，投资人也出现了参差不齐的现象。有的投资人对项目认知程度不太高就疯狂地投资；有些创业者拿项目骗得投资，然后销匿于江湖……这样的事情时有发生。所以，“创业镐头”一方面建议投资人要擦亮眼睛，另一方面也希望对这些违背诚信、违背道德的创业者给予公开，彻底清理出局。与此同时，我们需要鼓励创业者老老实实做人、扎扎实实做事，把项目做到位、做成功，争取让企业早日上市，从而给投资人带来更好的回报。只有如此，才能实现有效融资、多方共赢的目的，投资人与创业者之间才能建立起一种既有契约又有情感的“婚姻”关系。

寻找有效投资人的三个关注点

雷军转型做投资人后也投资了很多项目，其中有不少项目都获得了较好的收益，傅盛的猎豹移动就是其中之一。对于雷军，傅盛是这样说的：

人生需要遇到贵人，小米科技董事长雷军和经纬创投合伙人张颖，就是我人生中的贵人。在我整个创业过程中，雷总帮了我很多忙。我在创业过程中的第一个感悟就是你要遇到你的贵人，如果没有人帮你，人定胜天只能是一个口号，遇到这两个贵人之后，我就开始了自己的寻找之路。

傅盛与雷军不仅仅是生意上的好伙伴，也是利益上的共同体，而且还有可能成为一辈子的好朋友，这绝对是投资人与创业者合作的典范。

那么，对于创业者来讲，如何筛选最有效的投资人？有三个方面值得重视：

1. 投资人的背后是否真的有资金。我们在具体的创业辅导和创业投资过程中会发现，很多投资人实际上根本没有资金，只是整天混迹于投资人的行列之中，东看一个项目，西看一个项目，去做一些媒婆拉线之事。这种人有其存在的市场，创业者还是要擦亮眼睛，避免被中间摆一道，或者贻误商机。

2. 投资人背后的价值理念。如果他是管控欲极强的人，哪怕他只占有你公司10%或5%的股份，都想极力左右公司的战略，左右公司的商业模式，左右公司的招聘及管理。对于这样的投资人，建议离他要有一定距离，最好别用这样的钱，一旦用了以后，公司的发展将会面临着很大的风险，毋庸置疑。当然也有些机构的投资人私下要回扣等等，对于这样的投资人，亦远离为妙。所以说，最好的投资人是和你拥有共同价值理念的投资人。

3. 投资人背后的资源能力。如果说，投资人不仅仅能给你资本，还能给你其他方面的支持，让双方能做到全面的融会贯通，对双方都有极大的好处，投资人的资源得以盘活，我们又获得了相当于资本投入的很好的溢价。

当然，一切都有一个前提，那就是你的项目一定有足够的吸引力。你的项目要是没有潜在的发展空间，看不到若干年后的前景，对投资人来说，创业者人品再好也没有意义。创业者的当务之急就是想方设法打造自己有发展潜力的项目，打造自己优质有凝聚力的团队。当你的项目足够吸引眼球，你就占据了主动权，你就拥有了筛选投资人的资格。在你筛选投资人的过程中，不妨也了解一下这个投资大佬过去所投资的一些项目，对他所投资的项目的老大或者团队做一些拜访和了解，看一看在过去的几年中，双方的合作是否紧密，是事必躬亲地参与到内部管理中，还是放手让创业团队大刀阔斧地干，这些都是你选择投资人的因素。

最让创业者厌恶的是投资人不尊重创始人团队，过度干预企业日常经营。甚至有的投资人以过来人的身份事无巨细地对创始人吹毛求疵，这让创始人脸面无存，深恶痛绝。而更让创业者寒心的是，很多投资人不尊重商业机密，获取企业商业信息后转而投资竞争对手。

投资人关注的两个方面：商业模式与团队

创业者和投资人的诉求从根本上来讲是一致的，就是让一粒创业的种子生长成参天大树。种子成长过程充满无数风险，投资人一定会细细思考：这颗种子会不会只是一棵草的种子？现有的团队能否让一棵好树苗茁壮成长？

归根结底，天使投资人对项目的关注点无非两个方面：创业团队和商业模式。

创业团队行不行？团队优秀，融资的事情就已经成功了 70%。团队内部的协同合作性以及团队成员彼此的忠诚度是企业未来的保障，会影响到企业与投资者是否能成功对接。

有些项目刚刚筹备的时候，前景不明朗，不被大家看好，但是因为创业团队特别优秀，能够在执行的过程中不断地探索，不断地修整，不断地完善，团队内部和谐，天时、地利、人和都占据了，所以慢慢地就成功了。就像《天龙八部》中的郭靖一样，他本身的资质禀赋并不是特别好，但是他勤奋，不断地苦练，不断地进步，最后也成就一代大侠。同样，也有些企业的商业模式看起来不错，为什么最后竟然败落下来了呢？我把他们比喻为欧阳克，人很聪明，脑子也很好，但是创始人不行、团队不行，心术不正、急功近利，最后企业功亏一篑。

投资人会基于你的商业模式看你有没有相关的资源能支撑到商业模式的落地。待资金到位以后，你如何用资金弥补商业模式中那些不足的地方，如何实现快速爆发，对任何投资人来讲，这都是他们关注的重中之重。你的商业模式、你的资源能力以及你运用融资的能力，都决定着投资人是否投资。

如果资金投下去石沉大海，激不起任何的浪花，对投资人来说那就是一场噩梦，精明的投资人总要为自己的资金找到最有价值的投资项目。

在决定向一个项目投资时，投资人一定对创业者有了最深入的了解，然后再看你对具体工作的执行能力，如果你的执行能力足够强，就愿意把资本给到你，如果你的执行能力不够，就算你把项目说得天花乱坠，最后的融资也会出现诸多问题。无论站在创业者还是投资人的角度来看，找资金或者找项目本身都是非常重要的命题，这在创业要素中处于核心位置，这也正是36氪、虎嗅、创业邦等媒介能够吸收到资本方和创业者众多关注的原因。在创业要素市场上，最具有激情的创业项目和投资之间的深度碰撞，这是一种水与火的缠绵。

近两年来有一股不好的苗头在蔓延：创业企业在网络点击率、用户数转化率等数据上造假。如果造假夸大成了创业领域的常态，如果创业企业不能和投资人同心同德，我相信这对创业和投资而言是双输的。所有的创业者都应该捍卫真实，这既是对行业的保护，更是对自己的保护。就整体发展而言，大数据的技术推动将会毫不客气得将谎言揭穿，让“一亩田”那样拙劣的数据造假无所遁形，创业服务领域的公司如果在这方面具备技术优势，它也将获得巨大成功。建立诚信的交易平台，维护诚信的交易，这对任何行业来说都非常重要。

融资都有哪些坑

对于创业者来说，融资是把双刃剑。获得了资金和投资人的资源支持，创业就进入了快车道，可是万一遇人不淑，或者遇到了投资奇葩，一个好端端的项目也有可能因投资而夭折。

要想成功融资，创业者要先认真审视自己，并学会站在投资人角度思考，用投资人的沟通方式交流合作。当然从基础功课角度来看，对行业发展趋势尤其是竞争对手的研究多多益善，这样才能更有效凸显自身项目的独特性和成长空间。另外一点是创业者必须将收入、成本、费用等搞清楚，这样对融资额度和财务预测才能做到心中有数。一般而言，以最小的股权出让比例，获得足够公司一定时期发展所需资金（一般是一年）为最佳。

当然在具体融资过程中，下面的一些条款应该格外关注：

1. 业绩承诺与赔偿

业绩承诺就是一种保底，公司经营是有亏有赚的，而且受很多客观情况影响，谁也不能承诺一定会赚、会赚多少，保底条款是有很大争议的。如今理财产品明确不允许有保底条款，那作为 PE、VC 这样的专业投资机构更不应该出现保底条款。

在财务业绩对赌时，需要注意的是设定合理的业绩增长幅度；最好将对赌协议设为重复博弈结构，降低当事人在博弈中的不确定性，不少 PE、VC 与公司方的纠纷起因就是因为大股东对将来形势的误判，承诺值过高。

2. 上市时间承诺

关于“上市时间”的约定即赌的是被投公司在约定时间内能否上市。

3. 关联交易

该条款是指被投公司在约定期间若发生不符合章程规定的关联交易，公司或大股东须按关联交易额的一定比例向投资方赔偿损失。

4. 债权和债务

该条款指若公司未向投资方披露对外担保、债务等，在实际发生赔付后，投资方有权要求公司或大股东赔偿。

债权债务赔偿公式 = 公司承担债务和责任的实际赔付总额 × 投资方持股比例。

5. 竞业限制

公司上市或被并购前，大股东不得通过其他公司或通过其关联方，或以其他任何方式从事与公司业务相竞争的业务。

“竞业限制”是100%要签订的条款。除了创始人不能在公司外以其他任何方式从事与公司业务相竞争的业务外，一般还有两种情况：一是投资方会要求创始人几年内不能离职，如果离职了，几年内不能做同业的事情，这是对中高管的限制；二是投资方要考察被投公司创始人之前是否有未到期的竞业禁止条款。

6. 股权转让限制

该条款是指对约定任一方的股权转让设置一定条件，仅当条件达到时方可进行股权转让。如果大股东要卖股份，这是很敏感的事情，要么不看好公司，或者转移某些利益，这是很严重的事情。当然也有可能是公司要被收购了，大家一起卖。还有一种情况是公司要被收购了，出价很高，投资人和创始人都很满意，但创始人有好几个人，其中有一个就是不想卖，这个时候就涉及另外一个条款是领售权，会约定大部分股东如果同意卖是可以卖的。

7. 引进新投资者限制

将来新投资者认购公司股份的每股价格不能低于投资方认购时的价格，若低于之前认购价格，投资方的认购价格将自动调整为新投资者认购价格，溢价部分折成公司相应股份。

8. 反稀释权

该条款是指在投资方之后进入的新投资者的等额投资所拥有的权益不得超过投资方，投资方的股权比例不会因为新投资者进入而降低。在签订涉及股权变动的条款时，应审慎分析法律法规对股份变动的限制性规定。

9. 优先分红权

公司或大股东签订此条约后，每年公司的净利润要按PE、VC投资金额的一定比例，优先于其他股东分给PE、VC红利。

10. 优先清算权

公司进行清算时，投资人有权优先于其他股东分配剩余财产。

11. 共同售股权

公司原股东向第三方出售其股权时，PE、VC 以同等条件根据其与原股东的股权比例向该第三方出售其股权，否则原股东不得向该第三方出售其股权。此条款除了限制了公司原股东的自由，也为 PE、VC 增加了一条退出路径。

12. 强卖权

投资方在其卖出其持有公司的股权时，要求原股东一同卖出股权。强卖权尤其需要警惕，很有可能导致公司大股东的控股权旁落他人。

13. 一票否决权

投资方要求在公司股东会或董事会对特定决议事项享有一票否决权。这一权利只能在有限责任公司中实施，《公司法》第 43 条规定，“有限责任公司的股东会会议由股东按照出资比例行使表决权，公司章程另有规定的除外”。而对于股份有限公司则要求股东所持每一股份有一表决权，也就是“同股同权”。

14. 管理层对赌

在某一对赌目标达不到时由投资方获得被投公司的多数席位，增加其对公司经营管理的控制权。

15. 回购承诺

公司在约定期间若违反约定相关内容，投资方要求公司回购股份。回购约定要注意的有两方面：一是回购主体的选择；二是回购意味着 PE、VC 的投资基本上是无风险的。投资机构不仅有之前业绩承诺的保底，还有回购机制，稳赚不赔。

16. 违约责任

任一方违约的，违约方向守约方支付占实际投资额一定比例的违约金，并赔偿因其违约而造成的损失。

……

这些都需要创业伙伴和投资人在交流过程中结合自身情况做出取舍。

抱着一颗远大的心去观察、了解和欣赏

当今中国创业市场中，最出色的发声群体无疑是 90 后。他们善于整合资源，同时也能够娴熟地使用新媒体，基本上 90 后拿着 70 后的资金在折腾。

有一个 1995 年出生的小伙子，至今已经创业失败四次，仍在积极地进行第五次创业，这个小伙子口才很好，又具有比较好的面相，再加上执行力也不错，所以能够一次又一次拿到投资人的钱，投资人也愿意把钱给他来折腾，小到几十万，大到几百万。为什么？因为投资人看中的是他有这种不断去折腾的勇气，有这种“论成败人生豪迈，大不了重头再来”的豪气。

90 后的勇气和豪气，80 后有一部分可能有一点儿，70 后基本上不具备，60 后、50 后就更不具备了。90 后的包袱轻，他们在创业上更为大胆、积极。从我个人感受来看，也真的看到了 90 后群体的一种闯劲，据说现在 00 后也已经出来闯天下了，新新人类的创业热情和勇气，他们的执着和表达价值观念的形式和手段，的确令人刮目相看。

在当今创业大时代中，资本的供应足够充盈，双方的有效对接成为资本市场和创业江湖中大家津津乐道的事情。在坊间，茶余饭后大家经常聊的是某某人，又靠着一个什么项目获得了千万级的投资；某某项目可能就是一个垃圾，但居然也有投资人给了大量的投资。

十多年前，听到阿里巴巴，我们都会觉得那就是一个搞笑的段子，但是没想到，搞笑成为了今天行业的领袖。对我们所有今天的人来讲，其实重要的不是如何去审视、苛责、批判，而是抱着一颗远大的心去观察、了解和欣赏。

在看明白、想明白了以后，参与进来大家一起嗨，这才是创业投资真正的融合。在这样的一个项目和资本对接中，每天都有新故事层出不穷，当然每天也会有纷争，但更多的表现出来的是一派欣欣向荣的景象。但投资人和创业导师一定要保持清醒，因为资本是理性的，每一步投资的背后都有其内在逻辑。

这是我对中国的创业青年有更高期许的原因之一，梁启超当年讲到的“少年兴则中国兴”，我也希望有更多的大佬进入到天使投资人的行列，去帮助中国青年实现创业梦想。中国创业青年的背后不仅仅代表着他们个人的事业成功，同时也代表了一个民族的活力，他们的未来与发展引领着中国在经济、政治、文化、科技等诸多方面的提升。

我对此抱以乐观的姿态，创业者找到合适的投资人，获得风投，投资人找到好的项目，获得良性回报，大家共同分享收益，共同成长，共同实现一个美好的目标。

对于一个负责任的创业者来讲，拿到了投资人的钱，只是万里长征的第一步，意味着你要肩负起帮助投资人实现投资保值增值的责任，而不是说拿到钱就万事大吉，那些认为拿到钱就万事大吉的创业者绝不是好的创业者。

这是一个美好的时代，对于创业者来讲，牢牢地抓住这样的时机大干一场，才不负这样的创业时代。

第八章

文化关：文化是企业的魂

文化建构比制度建设更具意义

创业者应该在企业创建初期就开始构建内部企业文化。

企业文化绝对不能华而不实，而是团队对自身使命、愿景、核心价值观的一种庄严承诺，这种庄严的承诺会逐步形成企业的精神和企业的作风，深远地决定了企业的未来。企业文化在繁衍发展过程中，绝不是简单的文字描述，而是表现在从物质层、行为层、制度层到理念层的内外统一。物质层面上，比如说企业的装修、员工的着装等；行为层面即员工的行为规范；制度层面决定企业经营管理是否科学；而理念层代表着企业的核心价值观。内外如一，所有人做到知行互动，这是一家企业命门所系。

很多企业昙花一现，然后无声无息。据统计，中国企业整体上的平均存活时间为两年多。这么多企业短时间内失败，七成以上的原因是缺乏持续生存的文化基因。

近年来，我们和很多创业者沟通交流，口头上他们都说文化重要，但却是雷声大雨点小，无所作为。他们认为，相对于能够通过一个项目，顺利拿到投资人的风险投资，能够生存下来，文化微不足道。不可否认，生存的本能驱使你拼命获取继续生存的营养无可厚非，但是对于有梦想有抱负的企业来讲，仅仅是生存下去完全不够，缺乏企业文化铸造企业魂灵，企业将无法做强做大。

不吃饭是要死人的，没有精神的人无异于行尸走肉，与造粪机器何异？企业也是如此。

明确提出自身的使命和愿景，找到自己在行业和产业中的位置和空间，清楚自己要和利益相关者共享一个什么样的未来，知道用什么样的价值观去指导企业的员工。当然，一下子就达到一定高度不现实，企业文化的表达也是在发展过程中逐步锤炼出来并完善的。

从某种意义上讲，文化构建比制度建设更具有决定性，我个人认为企业的文化和制度是一体两面。文化背后的契约精神、价值原则、理念和主旨决定了在制度构建方面的取舍，内在的文化基因决定着管理制度的构建，而不是相反。

文化关对于企业的建设来讲具有非常深远的价值。文化建设的高度决定了一个企业制度建设的高度，企业文化能不能达到一定的高度，决定了企业能不能焕发起更美的人性。

我们不妨看看任正非先生是如何通过为组织铸魂灵实现华为的快速崛起的。任正非在创业初期就深入思考两件事情：

1. 如何构建基于事业的命运共同体；

2. 华为的价值观体系是什么？

借助中国人民大学的几位教授，他深入思考：华为人未来的收益、股权激励、员工与平台的共同成长……与之相关的是如何清晰地描述价值宣言以进行使命传递。愿景和使命在华为内部的联通，回答了“我们到底干什么？”、“我们到底要往什么地方去？”，以及“我们将怎样往这个地方去？”等若干问题。《华为基本法》因此诞生了。

《华为基本法》最重要的价值在于明晰了企业的价值观念体系，围绕这个价值观念体系，进一步衍生、构建了华为的规则体系。任正非是比较早地喊出来：“我们要向雷锋学习，但是不让雷锋在组织内吃亏”。通过《华为基本法》的建设，在这样的充分沟通交流中，华为内部的管理线条进一步清晰，管理的边界、范围、幅度都进一步实现了内在共识的提炼，实际上成为了内部的一种共同的价值信念。这种信念会有助于一个减少内耗，促进协同与合作，通过组织文化的召唤，能够更有效促动员工承担责任，从火车头模式向动车组模式的转换，实现了集体利益共享，实现了大家从命运共同体到精神共同体的有效转换。通过使命愿景，通过核心价值观的系统凝练，华为人真正实现了心理契约的一致性，它构建起了一个强大的、内生的基因。后来出现过数千人整体裁员，大家重新面临竞岗竞聘等一系列大事，华为都能够安然而过，就是因为华为起初构建起了一种有效的基因，实现了整体华为人同心同德，构建起一个组织内在灵魂的成长，这一点对于今天的很多创业者来讲具有非常好的启发意义。

企业的吸引力来自价值观念

文化本身看不见摸不着，做起来当然难上加难，但是，作为创始人，一定要和企业管理团队、核心员工深入研讨企业存在的目的和意义，尤其是创业型企业，所有人都需要参与研讨，只有这样，才能形成企业的使命感和归宿感，企业成员才能凝聚成真正的有力量的团队。

李嘉诚先生说："坚守原则和拥有正确价值观的人，才能共建一个正直、有秩序及和谐的社会。"

当企业面临着一系列的市场检验时，就会发现企业所形成的价值观念本身就是评判的依据。到了今天，我发现越来越多的国人，开始在价值观的层面上进行深沉的思考，这些东西本质上都和文化背后的价值观和使命愿景高度相关。

作为企业的核心股东，在创业前期一定要在文化关层面上作出深入的思考和判断，只有深思熟虑过后，构建出富有竞争力的企业文化，这个企业才有更加光明的、高远的未来，才能在吸引力上获得投资人的高度认可，获得社会资源的青睐。在今天的社会时代中，如果你的价值观念庸俗陈旧，甚至违背社会公序良俗，违背行业发展趋势，这样的企业肯定没有发展未来。

之所以“罗辑思维”能够引起那么多知识分子的共鸣，其中一个原因就是它的价值观非常纯粹、干净，虽然创始人罗振宇有时候也打擦边球，但他在说法上会做一些掩护性处理，大家都能够理解，正是罗振宇的价值观念获得大家的认同，所以才会获得如此成功。

现代社会连接高效便捷，每个企业都成了自媒体，大家的联系纽带有更多的选择，协同合作变得非常容易。当你在这种背景下，向外边传递你的理念信息时，其内核是什么呢？应该是企业的文化，是企业的使命，是企业的愿景，是企业的价值观，是企业的文化形态。

我们回过头看伏牛堂，你认为他仅仅是在卖米粉吗？不是！他传递的是他们的价值理念。

何雄飞先生曾经有段话：“每个男人的内心都希望拥有一把枪，打一场仗，有一次原野冒险，拯救一位美人，似乎只有这样，才算真正活出了男人样儿。装男人只需一点技术，而对真汉子来说，思想和价值观才是其真正的肌肉。”

当年美国大片刚刚进入中国的时候，国产片哀鸿遍野，一片凄凉，有些专家高呼“狼来了”。影片的背后实际上有它内在的一种价值趋向，我们原来看到的那些“伟正光”的形象在美国的大片中是看不到的，你看到的英雄有血有肉，他们会有情欲纠缠，有物欲迷恋，但是在关键的时刻，英雄的内心才开始觉醒，这是一种更加易于被常人接受的真实。

价值观对民众的影响相当大，当我们重新审视文化关时，以下两点需要大家关注：

1. 社会的连接大背景。大的时代背景下，连接的是主要价值观，如果价值观不能达成一致，就会大大增加交易成本。

2. 社会的发展背景。在多姿多彩的文化形态下，企业内部的价值趋向就成了吸引目标客户，吸引合作伙伴或利益相关者的重要连接点。文化本身和品牌高度结合，企业的文化属性决定了品牌的高度，企业的文化内涵决定了品牌承载的丰富性。

所以，对于创业者来说，通过文化的构建传递文化的观念非常重要，企业的价值观是吸引粉丝团体与潜在客户的最好途径。

华为通过制定《华为基本法》，首先明确了企业的业务边界，明确了企业内部管理（序列），为管理奠定了合理性，同时在华为基本法作业的过程中，又进一步形成了华为内部的文化体系，尤其形成了华为的价值观念体系。在相当长一段时间内，这种价值观念体系帮助华为攻城掠地，它的内在就是我们说的冰山模型最下面的核心基因。华为通过制定和贯彻华为基本法，打造出一支具有共同基因的狼性团队，从而也一步步从土狼队变向正规军，从非职业化走向规范化、职业化，从非科学决策走向科学决策。近三年的时间，华为人完成了一次系统的思考和梳理，对自身的定位、对未来的发展空间、对企业的坚守、对企业的文化脉络等有了一个比较清晰的聚焦。围绕这种聚焦，华为人重新敞开胸怀拥抱世界的时候，就有了自己内在性的价值判断标准和内生的能力，而不再是基于过去的一种机会主义，为华为后续十年（从 1998 年到 2008 年）的轰轰烈烈的大发展奠定了一个比较好的基础。

所以说，企业的管理者需要积极有效地为组织铸造灵魂。这个灵魂的背后是什么呢？需要追寻探讨企业“从何处来向何处去”这样的哲学命题，完成这种思考同时基于核心价值观构建起企业制度、规则体系，用制度和规则为企业发展保驾护航，而不是依靠管理者的耳提面命、拳打脚踢。通过这种文化建设，最终建立一支无坚不摧的上下同欲的管理战队，实现由土匪式作业模式向正规军的转变，如此，企业的抗击风险的能力，企业的竞争优势都将获得大幅度提升，企业的未来就会更加光明。

价值判断标准制约企业的发展

现在，很多企业都有自己的微信公众平台，开始进行文化传播。我发现很多企业在经营自媒体的时候，只是把别人的精彩文章拿过来编辑一下，发送出去获得流量，没有任何属于自己的东西。这样做没有意义的，因为抄来的文章没有自身企业的情感属性，没有自身企业的温度和颜值，也没有自身企业的价值原则，没有办法让目标受众和企业建立有效的连接。

如果一家企业没有自己的价值判断标准，那么我们敢断言，这家企业就不会有长远的未来。

我们看到很多企业，以佛家文化、基督教文化对企业进行引领，虽然这可能会对有些员工造成思想困惑，会因为理解与观念的认同而感觉不适，但是总体来讲，这是一种积极向上的正向力量，这也是可行的，是突破企业家瓶颈的有效手段。

每个企业家都有自己的天花板，因为个人思维的局限、因为文化观念的限制，最终没法超越自我。通过文化上的突破与超越，是企业家对自我超越的尝试和努力，实现了文化的升级，让企业站在一个更高的平台上拥有更宽广的视野，这样一来，企业就能站在中西文化交流的角度上，站在创业前沿的角度上，站在真正以人为本的角度上，站在智慧经济的角度上，站在互联网思维的角度上，为企业带来积极的改造与影响。

企业的文化构建，代表了一个企业追求真善美的方向，迎着光明的未来做努力和探索，这是企业逐步成长的脉络所在。所以，我们一定要明白，价值观不是企业发展壮大的过程中自发生长出来的，不是从网上扒下来一两句话作为口号而已，而是真正在骨子里给自己的事业赋予意义。

人作为个体，本身是没有意义的，出生下来没有意义，因为人最终会死去，地球最终也会走向灭亡，那么人的意义在哪里呢？人的意义在于做事的过程，包括做任何一件事情，我们赋予了这些事情使命、愿景、价值观，因为我们做的事情要有意义，要体现人的价值。

通过对企业价值观的赋予，达成内在文化的共识，企业才会成长壮大。对于创业者来讲，志向高远意味着对自己负责任，意味着对投资人负责任，意味着对国家负责任，意味着中国的青年有更大的梦想去拥抱世界，改变未来。

走上了创业之路，我们就不应该错过展示人生精彩的机会。

从使命和愿景开始构建优良的企业文化

企业文化对于一个初创期的企业，有着别具一格的重要价值，然而，对于很多的创业者来讲，他们不可能把企业文化摆在一个很重要的位置上。

创业者更关心的是，如何有效地获得价值认可，如何有效地获得资本方的支持，如何构建一个有效的团队。提及在互联网创业成功的英雄们，我们更关注的是他怎样聚合了一个合伙人团队，怎么能在短时间内获得投资人的认可，拿到大批的投资；以及他们在玩法上如何超越传统的商业模式，营销、品牌等纬度有什么创新等。比如说小米的雷军，为了实现小米的创业，他如何有效地整合了他的合作伙伴，小米如何利用网络进行宣传、拓展市场，采取差异化的网络营销竞争。对于这些，我们传播得非常多、非常广，但在小米的企业文化的纬度上，大家讲得非常少。

事物的发展，有一个静水深流、内圣外王的过程，对于创业者来讲，同样如此。当企业处于初始发展状态的时候，如何凝聚一个以创始人为核心的团队？怎样才能找到最合适的人才？在寻求资本方的要素上不遗余力地下工夫，对创业者来说，这才是创业的起点，这才是创业的核心，也符合事物发展的普遍规律。

很多创业者在文化的维度上下的力气总是不够，在企业初创期，创始人更需要凝神屏气，深入反省和思考企业除了商业模式之外的更深层次的文化诉求，比如围绕企业重点，关注使命、愿景和核心价值观等。

使命与愿景，关乎企业的长远发展，我们需要首先对其有一个深层次的理解。

在管理咨询界，大家的认知层面并不一致，尤其在使命和愿景的认知上，有不同的观点和看法，从这两个名词的背景来阐述研究使命、愿景词根背后的来源，也有中国文化元素的背景由来，根据其演变规律，可以从不同的角度定义这两个概念。

以我在管理咨询界的经验，我认为，使命是企业——尤其是创业团队——对自身在产业社会中的位置和价值的自我定位和主动贴标签。就是说，在广阔的产业社会空间中，我要成为什么样的人？在广阔的产业创业过程中，我的公司要成为一个什么样的组织？这种自我定位和自我期待，成为企业的使命所在，同时在企业的发展过程中面向内部的同事，要有宏观景象的阐述，这样一来就使得这种使命更加具体，更加生动。

从内外两方面来讲，愿景更多呈现在企业内部层面上。员工之间共享对于未来的梦想，希望同事们在未来的三五年、十年乃至更长的时间内，去实现一种利益的完全协同，使命和广阔的社会产业构建起完整的生态链条上的利益关联体，这是实现愿景和使命的核心动力，这也是内圣外王的内在性统一。有了这样的统一后，在内部就可以有效地凝聚力量，同时对外又能奠定自身的良好形象，找到自己的位置，同时获得很好的价值实现。

通过以上分析，我们可以看到，这两个点恰恰是企业在组建队伍的时候就要开始深入思考的问题，也是创业型的企业需要跟内部员工深入研讨、跟投资人深入交流、跟外部社会深入互动的问题。在这个过程中，需要不断地面对外部社会进行自我变革和成长，紧密团结员工，让他们终生追随这个企业。

这体现了短期和长期的结合，尤其是愿景层面上，把企业的愿景和个人的梦想有效地结合在一起，这对于打造稳健的内部关系，具有非常重要的意义。

有了愿景后，创始人要能够用最通俗的语言讲述。管理学家约翰·P·科特曾说："不会讲故事的企业家就不会管理。"哈佛大学教授 Howard Gardner 认为："讲故事是最简单的最有凝聚力的工具。"

有些人会认为，管理者应该讲大道理、大战略，应该讲最时髦的管理理论，讲最新鲜的管理案例。但是，那些离员工遥不可及的理念、与实际管理格格不入的案例，只能让员工与管理者更加疏远，对本企业的文化更加模糊、陌生。我们发现，几乎所有功成名就的企业家都能随口讲出一两个发生在自己企业中的、感人至深的小故事，员工们总是被这些朴素的、真实的、身边的故事深深鼓舞。而企业家们自己的管理成就，也往往被一个一个故事体现出来，成为传播企业文化和精神最好的教科书。

故事就是力量！有故事的企业，对人才更有吸引力。会讲故事的管理者，一定会是一个成功的管理者。

打造企业核心价值观

身处广阔的社会大环境中，创业者如果真正想清楚了企业的使命，那么战略目标就会变得非常清晰。

战略是从文化延展而来，若是有了基于人内在文化生成的梦想，无论是早期要解决的最基本的生存问题，还是从长远角度要实现的人生更宏远的追求，这些都不再是梦想。

从乔布斯与苹果，你能够看到广阔的社会产业中，企业各自定位的不同，所延展出的企业内部的管理与企业外部的交互也有所不同。核心价值观是连接企业内部和外部广阔世界的桥梁，一个组织必须通过创造价值来和外部广阔的产业世界，也就是我们通常说的客户群体进行价值交换。在进行价值交换的过程中，我们该有什么样的操守和什么样的价值判断？什么样的生意我们做？什么样的生意我们不做？我们更推崇一种什么样的价值理念等等，这种价值观是衡量企业一切行为的标准。

中国古代做生意的时候讲究外圆内方，外部可能相对要圆滑一点，但是内心有一个坚守的价值判断，这种价值判断放在今天的文化建设上来讲，就是我们所说的核心价值观。

核心价值观对企业来讲至关重要，它是企业在决定做或不做一件事情时进行价值取舍的唯一标准。为了获得最大经济利益，可以无所不做——比如说向相关人或单位行贿，或是江海湖泊中排放污水，做有悖于社会主流价值观的事情——一个企业践行这样负能量的价值观，必定很难在社会中长久存活。冯仑说："非常坚定地符合人类未来发生趋势的方向，那么它就能代表未来的发展方向。"

使命、愿景、价值观的背后，是一个团队酝酿的一种内在力量，它能够把团队里松散的个人变为利益相关体，从利益相关体进而成为一种精神纽带，让大家在精神的舞台上共赢。当然，在企业的文化建设中，会有一部分人形成命运共同体，基于这样的命运共同体，实现大家在人生道路上的彼此健康共设，有了这样的目标以后，企业的运转与发展就会非常顺利。

人类真正意义上的进步取决于人类思想观念的进步，思想观念的进步细化体现在人类的制度文明上，经过制度文明对人类的熏陶和培育，就可以在社会广阔的交往合作中体现在人类外在的行为上，而价值观是制度建设的魂。

这些实际上就是我们刚才讲的企业文化。

如果按照层次的理论来进行切分，在物质层面上，我们看到的是企业LOGO、员工的穿衣打扮、公司的整体外在形象；在行为层面上，是你接触了这家公司以后，所看到的员工是温文尔雅还是暴躁易怒等等，员工表现出的外在形象，代表了公司的一种品格。更进一步讲，小到一个公司大到一个国家，它内在的制度性建设决定这家公司或国家能不能走得更持久。所以，从企业创建开始就要打造企业的核心价值观，让它像中流砥柱一样支撑企业的发展。

企业文化价值观需要潜移默化。一个商场专柜的导购员在工作时间到隔壁柜台玩游戏机，第一次被发现，老板是警告；再次被发现，当即罚款200元，之后，导购再也没玩过游戏。罚钱可以解决部分问题，但并不能解决所有问题。处罚的现时，经营者还是要反思：她为什么会玩游戏？是她本身就不守纪律，还是工作量不饱满造成的？即使她什么也不违反，仅仅坐在那里发呆，消极怠工怎么办？可不可以有更好的方案促进她自觉遵守纪律并且积极主动地工作？要知道，处罚培养不了自觉。

让文化建设为企业把握正确航向

很多年前，魏杰教授曾出版过相关的专著来探讨企业的机制建设和文化建设，他把制度的力量和文化的力量作为重中之重来进行阐述，这样的思索和探讨在今天仍很有意义。

在文化建设上，最核心的层次就是核心价值观的塑造，而居于核心价值观层面背后的是人内在的理念将生发出外在无限广阔的产业空间。我们所看到的产业空间中的创新、服务以及大量在我们看来非常了不起的公司，其实它们本质的发端可能来源于创始者最初的本心，也就是初心，今天管它叫文化最核心的内在架构，表现为使命、愿景及核心价值观。

这些认知有助于我们思考一家企业由内圣走向外王、由微小走向庞大，当然也可能会走向毁灭或重生的过程，让我们对企业有更加清晰和严谨的理解。

对于初创期的企业来讲，内在如何升腾文化理念，这是看待创业者高度的一个重要因素，当然也有很多的创业者仅仅为了解决个人吃饱穿好的问题，也就是基本的生存问题，这说明由于他自身的局限性导致他还没有更开阔的视野，但是随着他不断成长，随着企业越做越好，他会不断地超越自我边界。

比尔·盖茨与乔布斯，他们刚开始创业的时候，关注的其实也是自己的吃喝拉撒睡，也是仅仅希望有一个相对比较好的生命状态，比如说财富的自由等。随着企业越做越大，他们关注的世界就开始从美国的加州或者斯坦福扩展到整个美国社会，最后扩展到全球。在这个过程中，你可以看到人内在的价值力量，随着外在的社会范围的拓展，实现了更大可能。

我们鼓励创业者围绕着自己的事情做更多深入的思考，这有助于引领企业沿着一个正确的方向前行，同时我们也能够看到有些企业确实思考得很宏大，但是没有根本没能落地，一步栽倒便再也没有起来。

仰望星空的同时，请一定记着也要脚踏实地。

第九章

市场关：
找准自己的目标客户群

企业的唯一目的就是创造顾客

德鲁克说："企业存在的唯一目的就是创造顾客。"

创造顾客并不意味着你要有无数的顾客，或者说所有的人都是你的顾客，而是精准地把握自己的细分市场。没有哪家公司能创造一个无限宽广的平台，不是每个公司都能连接起所有的民众，想要拿到更多的创业项目并不容易，所以，聚集更加细分的垂直人群，把握好你专注的市场才是王道。

在企业刚开始发展的状况下，如果你能够对目标客户有更清晰的认知和理解，往往更容易成功。也就是说，你能够更加清晰有效地用更多元的要素来对你的客户群体进行扫描，对他们的性别、年龄以及诉求有更深入的把握。

当然，对目标客户的认知信息是有颗粒度的，这个诉求是一系列的，就像我们今天看到的数码相机一样，有 100 万像素的，也有 1000 万像素的，拍出来的照片细节呈现的效果是不一样的。创业者对目标客户的研究也要用更细化的像素来聚焦顾客，真正理解目标顾客的需求及其潜在的需求，不仅要满足他们表面的需求，同时还能够深入围绕着他们的内在需求做文章。

一家企业对市场做定位时就该这样出发，不断创造、发掘顾客潜在的需求，拓宽自己的纵深市场。在此过程中，要和时间做朋友。

事实上，大家在资源、禀赋之间的差异并没有想象中那么大，它的背后取决于一个人对于一件事情是否能够全力以赴。有些人的工作时间节点按照 3 个月、5 个月的时间切分，这符合互联网的时代的特点，用三五个月时间去诠释一个概念，投资人信了，就会开始投资。而有的人会拿 10 年、20 年的时间做一个周期，也有的老板把 30 年作为创业的周期，拿 30 年的时间来考察做的事情成功不成功。有这样一个牛气的老板，他给自己的定位是人生只为一件大事，所以他的人生总体来讲只做一件事，如果有这样的持续投入，我相信绝大部分人都能取得成功。

精准定位市场，形成商业爆点

很多的创业者表面上激情昂扬，但是对他所服务的群体了解程度却十分有限，这就导致了在出具相关的营销策略进行品牌拓展时，面向目标人群进行业务公关的时候，容易走偏，犯下对牛弹琴或者极其低端的错误。对于创业者来讲，在创业资源极其有限的情况下，如果有限的资源没有用到最合理的地方，那就是非常致命的创伤。

那怎么来看待我们所处的市场？怎么对这个市场进行研究定位？对于一个初创期的企业而言，在发展成长的过程中首先一定要跳出来，跳出自身所处的行业，站在一个更宽广的产业格局中来审视。按照微笑曲线理论，首先来看在整个产业链条中，我们占据什么样的位置，在产业链条的具体环节中，我们又在哪些环节具有相对的优势或者具有独家的竞争优势。有了这种俯瞰式扫描以后，就能对企业所在的位置有一个相对清醒的认知，围绕这种认知，再进一步聚焦目标受众，分析我们与上游、下游以及合作伙伴是什么关系，在这种结构关系中，大家分别处于什么位置，相互之间的利益交互模式是什么。

如果在这些方面有了详细的理解和认知以后，我们就能够正确地对商业模式进行重新构建，找准市场定位，能够更加清醒地看到企业在运转的过程中，在产业链条上需要依赖什么样的资源，具有什么样的强势的引导性元素等等。采用 SWOT 模型再把这些元素进行切割、划分、研究、理解，清晰地定位我们所处的位置，看到我们的机会、优势、劣势在哪里，确定我们当前要抓住的资源，明确我们要向受众传递的价值点，清楚在未来的一到两年甚至更长的时间内自己如何力争上游，如何获得更有效的资源支撑，把这些东西做一个有机的结合，就能有助于实现自身目标的不断延展，并获得有效的升级。只有对自身所在行业进行清醒的分析，才能有助于把握和判断创业项目的未来。

在这个基础上，要踏踏实实做好产品。董明珠一句“生产管理比广告宣传重要一百倍”的话，本质是打造超性价比产品。

作为创业导师，我和很多创业项目负责人进行过沟通交流，我问他们：

“对于你研究的行业，它整个的市场容量大概有多大？

“围绕这个市场容量，你自身在市场割据中大概所处的位置是什么？

“你未来想要走到什么样的位置？

“为了实现这个目标，你现在具有什么样的资源禀赋？

“围绕团队、资金、模式的创新，怎么走到这样的状态中？”

这些是我们反复要探讨的问题，对于这些问题有了深入研究以后，我们就要看他们的市场定位是不是扎得非常深入，有没有可能在某一个点上实现爆发，如果我们判断出在这个点上已经星罗密布了大大小小的竞争对手——那就说明你已经没有机会了。

当然，我们也会在这个过程中判断，他还有没有其他延展突破的可能性。就像当年第一批特斯拉车主之一的芬尼克兹老板宗毅，他去找罗振宇交流探讨内部的商业模式及品牌的爆点问题时，罗振宇说：“你做这样的产品，不像小米手机，你是很难成功的。”现在看来，罗振宇也会看走眼。从这个事例中我们可以看出，不断围绕自身的业务、产业的空间进行探索和创新，有了纵深发现的能力，就可以对所服务产业有更深的理解，就能精准定位市场，形成自己独特的商业爆点，芬尼克兹无疑为创业者树立了一个榜样。

产业共融才是未来

对中国的创业者来说，身处当前精彩纷呈的大环境下，虽然说有不断被外部颠覆的可能，但我们还是鼓励所有在某个行业或产业中耕耘的企业要有产业共融的理念，有了这种理念之后，大家就能齐心协力地维护行业和产业的健康发展，而不是用潜规则来控制产业和行业。我们看到的国内很多的行业，比如汽车维修、医药用品等行业，仍有大量的潜规则在横行。

潜规则的存在，背后意味着诸多的企业之间没有建立有效的关联，比如说建立强势稳健的行业协会，这种行业协会不是冠冕堂皇的官样文章，它更强调的是内在的资源价值共享，更强调的是行业的自律以及价值观念的正向引导，通过行业自律及内部合作生态的构建，一方面维护了行业的健康发展，另一方面也有助于企业获得更理性的健康成长。

过去一段时间，中国的婴幼儿乳制品一直不受民众的信任，不少大陆以外市场上的奶粉由于中国游客的到来而脱销，这对于中国的乳制品行业来说，是莫大的耻辱。三聚氰胺等一系列的毒奶粉事件曝光后，大家才想着维护乳制品产业尊严，捍卫企业内部的自身利益，可是广大消费者的信任已经荡然无存。

由此来看，创业者进行市场定位的时候，既要思考自身的企业所追求的使命目标以及背后的文化价值，同时也要积极构建行业内部的合作机制，捍卫行业正向的价值观念，并在理念层面以及实践层面上推动落实。

我们今天所讲的市场落地，只是企业自身的一个小定位，我们需要连接外部宽广的行业世界，依托现有的互联网思维对传统的产业进行各种改造和升级。投资人关注的不仅仅是创业者本身和创业项目的发展情况，还会关注创业项目未来的延展性，关注企业所在行业的健康度。如果项目本身不具有太大的延展性，自身的发展空间受限太大，投资人就会相当谨慎。一个发展空间不是那么巨大的市场，在未来的成长性上对于投资人的吸引力到底有多强？对于这一点，创业者需要不断地思考与探索，只有那些对自己的企业和梦想有深切的认知，同时又对外部延展的产业空间深入把控和理解的创业者，才可能赢得市场的尊重，赢得利益相关方，特别是投资人的认同。

一个创业者在自己的领域中能否精耕细作，过去的经历和行业中实现的自身价值有没有未来延展的可能，都决定着能够赢得多大的市场。这不是一个人独舞的年代，能否架起产业共融的桥梁，决定着你的创业之路能够走出多远。而融合产业市场资源的能力对创业企业来说意义非凡。

资本是功利的，背后是利益的关联，能否经得起市场关的挑战，就看创业者整合人脉与资源的能力了。

第十章

现金关：维系创业的生命线

现金如同血液，断流就会丧命

市场定位的背后，有一个不管如何强调都不为过的关键点——现金流。根据我们对大量创业失败案例的分析，因为现金流断流而引发的占了相当大的比重。

现金流到底有多重要？举一个简单的例子，如果一个企业内部人员内讧，分崩离析，有的人走了，企业还可以勉强运作，但是如果企业现金流断了，企业的生命就没了，现金流就是企业的血液。

比如说顺驰，因为现金流难以为继，最后转手给了别人，孙宏斌的时代结束了。再看德隆，本质上是一家很不错的企业，由于领导人的野心和盲目扩张，让企业付出了巨大的代价，最后导致现金流绷得太紧，出现现金流枯竭的危机。再加上国家的宏观调控政策，以及当时中国整体的金融态势，使它没有办法在资本市场获得更有效的融资，一夜之间轰然倒塌。人失血过多，就会濒临死亡；企业现金断流，将岌岌可危。

陈毅元帅说："创业艰难百战多。"对于现金流的重要性，相信大家都能够理解，尤其是艰难创业的人更能理解钱的重要性。在辅导企业的时候遇到这样一位创始人，他是苦孩子出身，从小家境不是特别好，所以格外珍惜投资人的每一分钱，恨不得把一分钱掰成两半花，租场地时能省则省，在外部花费上也是很节省，按说他的企业已经做得相当不错了，这个时候就得要学会花钱，有些场面上的钱，相关方合作的钱，这个钱该花还是要花了，但他还是秉承着一贯的态度，把钱都花在刀刃上。当然，企业达到一定状态以后，须得要注重自己的品牌形象，维持品牌输出，必须要做相关的投入，这是另外一个重要命题。

对于创业期的小伙伴们来讲，如何有效地把钱花到刀刃上，如何去获得现金流的长远延展，其重要性毋庸置疑。对于投资人讲，他希望创业者至少能够在他的财务预算上，要有未来 16 个月，甚至更长时间的充沛状态，比方说 24 个月的现金流的供给。有了资金流的供给，企业就能处于相对安全状态。

很多的肥皂剧都向我们描述那种九死一生的创业剧情，很多的创业者冒着极大风险，把自己的几套房子抵押出去，企业几经沉浮最终走出阴霾，现实生活中，这样的案例极少，并且我们不提倡大家这么做。

中国的企业环境，现在比过去要好很多。在过去，存在歧视民营企业的情况，很大一部分企业家是从山的阴坡爬上来的，然后却在阳坡上被太阳晒死。创业者从阴坡爬上去所经历的艰难困苦常人难以想象。市场转暖，企业规模做大了，现金流成为企业能不能活着走下去的一个重要基础。

香港超人李嘉诚是国人追捧的创业英雄。李嘉诚多次反复讲到资金的安全，在这方面他持有一种相对保守的主张。李嘉诚认为：

无论经济形势比较好，还是在经济环境比较差，一定要保有充分的现金流。在经济很差的情况下，有了很好的现金流就可以主动出击，在广阔的产业空间里大有作为，进行并购、整合、重组；在经济环境比较好的情况下，也要抱有几分审慎，为未来可能出现的危机形势，留足充分的棉被、衣物、食品，为公司延续性生存奠定良好条件。

无论是丰年还是荒年，保持现金流稳定总是发展的基础保障。

开源节流，规划现金用度

很多大起大落最后死亡的企业，绝大部分可以归咎为现金流入不敷出，企业用成本进行管控失败，最后只能走向死亡。

如何在成本方面有效地管控，如何有效地进行开源和市场拓展，这些与现金流密切相关，也是应该高度结合起来的。在企业的管理过程中，应该有一个现金流的管理机制，有助于企业在不同的发展阶段都有充分的血液供应，这就需要企业的老板和财务总监以及企业高管做充分深入的沟通和交流，在此基础上，确定企业内部的发展资金计划，保障现金流持续稳健供应，通过类似方式能够保障企业在长足发展之后还有持续的动能，来推动企业不断有能力走向下一个胜利。

这是我们看待现金流的一个重要的点，初创期的创业伙伴对此应该不会陌生。但很多人在拿到投资以后，恰恰容易犯错，因为以前过惯了苦日子，突然看到钱来了，而且这笔钱远远超出过去花钱的半径，难免控制不住自己。

台湾商界的精神领袖王永庆认为：

企业要控制成本，就要先建立单元成本。把每一个花钱的单元建立标准成本，然后和实际支出比较分析、揪出问题，就能精确控制成本。

马云在创业早期经历了九死一生的过程，而且不为身边的许多人所认可，后来获得了一大笔的风投，他的大脑也开始飘飘然，雇了大量的职业经理人，迅速启动了在香港和海外的拓展计划。可惜好景不长，全球迎来互联网的经济危机，他不得不收缩战线，并将海外相关部门迅速砍掉，同时裁减大量员工。马云的经验教训太为惨痛。

不少的企业走向死亡时也有这种经历，有了钱以后就快速把它用出去，用来猛砸市场，反而是起到了很坏的效果。像梅地亚中心等等，其实也在过去扮演了类似的角色，夸大电视广告快速提升能力，爆炒一些所谓的品牌，鼓吹“开进来一辆桑塔纳，开出一辆奔驰”。这样的行为变相地刺激了一些创业者或者是企业家孤注一掷，企图追求短期的利益来获得未来的长远发展。这样的短视行为反而会压抑企业的成长，造成企业的现金流吃紧、为企业的长远发展埋下隐患。

投资人会反复与创业者沟通和交流，创业者期望释放多少股份来获取投资？资金到位后如何规划资金的花费？事实上，这笔钱到账以后很可能不完全按照当初的规划进行，但我们希望创业者内心有一个比较清晰的目标，在每一年度、季度、月度甚至每周，都会对企业现金流有一个清晰的把控，如此一来，企业才能够安然度过资本寒冬，在经济形势过热的时候又可以大举出击。

资金周转快的生意最赚钱

有一个问题几乎时刻萦绕在每一个创业者的心中，那就是："什么样的生意最赚钱？"这个问题的正确答案应该是：

"资金周转快的生意最赚钱。"

宏基电脑董事长施振荣在少年时代，曾经帮着母亲卖鸭蛋和文具。鸭蛋3元1斤，只有10%的利润，而且容易变质，没有及时卖出就会坏掉，造成经济上的损失；文具的利润高，做10元的生意至少可以赚4元，利润超过40%，而且文具摆着不会坏。

如果你是一个创业者，你的选择是什么？看起来，卖文具比卖鸭蛋更赚钱，风险小、利润高。而事实上，根据施振荣讲述的经验，卖鸭蛋远比卖文具赚得多。鸭蛋虽然有仓储风险并且利润薄，但周边市场需求量大，最多两天就能周转一次。文具利润高，但周边市场需求量小，进的货有时半年甚至一年都卖不掉。

施振荣后来将卖鸭蛋的经验运用到宏基，建立了"薄利多销模式"，即产品售价定得比同行低，虽然利润低，但客户量增加，资金周转快，库存少，经营成本大为降低，实际获利大于同行。少年施振荣的商业才智就体现在，他能够同时考虑利润率和周转率。

资产收益率=利润率 × 周转率。

很多人却没有这样的商业才智，他们把资金集中在了利润空间大的项目（行业）上，经营上却举步维艰。加入周转率这样的指标，很多貌似利润高的项目都落在下风，这正说明资金重在流动，金动生金的道理。

充盈的现金是企业运转的基本保障

当年唐氏兄弟主导的德隆，收购了湘火炬，推动湘火炬产品扩张，向中国最大的汽车零配件出口商进发，同时向上整合，在重型卡车行业重拳出击，令湘火炬一举成为中国最大的重型卡车生产商。德隆走得太快，也走得太远，产业领域高速扩张，金融行业过度投资，德隆资金链的紧张程度已经到了需要正视和调整的时候了，然而由于种种原因，调整并没有如期到来。到2003年年底，德隆复杂的资金链条捆住了它庞大的身躯和灵活的手脚，几个月后，“信用危机”爆发，德隆系从新疆到上海，从实业到证券，上上下下177个企业，集体失血，德隆系就此没落。

当年孙宏斌壮志凌云，但确实没有办法摆平顺驰的资金瓶颈问题，只能黯然把公司转给香港的一家企业。后来的顺驰在经济形势好转的情况下有了比较大的拓展，孙宏斌内心有多少不甘？

从创业本身来讲，并不是简单的事情，它会牵涉很多方面，比如说创业以后，你的家庭会不会因为你的创业而生活品质下降？如果生活品质下降了你能不能接受？要不要招聘员工，员工的薪酬多少？现有的资金储备到底能不能支撑企业的支出？在对企业的构架、未来资金有了清晰的谋划以后，我们再来着手创业。

现金流表现出来的就是现金的流动，为企业运转的源头活水，这实际上就是，持续的资源注入以及注入过程中能不能把其他的资源转化为企业的资本资源，如果前期没有很好地转化为资源，那当你做出一个 Demo（展示、示范）以后，能不能获得资本市场的持续追捧和认可，然后获得资金上的不断投入和支持，就得打上一个大大的问号了。

提到凡客的陈年，他有好朋友雷军持续的支持，所以面对巨大的业绩下滑压力时，他的凡客不至于完全死翘翘，但从陈年自我反省的文章中也能看到，陈年曾经错过了很多很好的机会，尤为重要的是，他在现金流运转上也存在很大问题，多亏有贵人相助，企业才得以正常运转，但不是每个人都有这样的好机会。

之所以不厌其烦地重复现金流的理念，是希望创业者真正明白公司的属性，真正把公司当成一个运转过程中需要不断创新变革，同时需要有血液支撑的生命体来看待，否则，你的创业终将是南柯一梦。

第十一章

财务管理关：企业壮大升级的咽喉

财务管理就是企业的资源调度

在实际的管理过程中，怎样才能把对现金流的重视、关注以及管控落实下来呢？这就需要创业者们闯过财务关。

“红高粱”快餐的创始人乔赢在财务管理上吃尽了苦头。财务管理中有一个“金律”：不能把短期借款用于企业的长期投资。然而，1997 年以后，“红高粱”的固定资产，大部分来自流动负债、短期借款。加之四面投资，财务管理跟不上，总部现金流（即营运资金）减少，利息负担加重，最后导致企业运作失灵。

在条件具备的情况下，进行团队内部组建的时候，一个重要点是实现人员的协同，而人员协同除了刚才讲到的实现技术和市场的嫁接以外，还有两类人非常重要：

第一类人是在企业内部从事行政和人事管理工作。这类人对于初创期的企业来讲，是企业内部的黏合剂。很多初创期企业之所以能够招聘到优秀的员工，实现团队的并肩作战，固然有创始人和创始团队的魅力使然，还有一个很重要的因素就是行政和人事管理人员在其中起着有效黏合剂的重要作用。

另一类人就是人事财务管理工作。财务管理对于一家正常运营管理的企业来讲，其重要性就如同前面讲到的现金流之于企业，当然对于初创期的小企业来讲，可能会从外部找一些财务公司帮助简单记账，做财务外包，这样的公司其实只能称之为一个项目，从公司内部的建制上来讲，还不是一个成熟的、严格意义上的公司。

李嘉诚年轻的时候，最喜欢翻阅的是上市公司的年度报告书。这些报告书表面上看起来挺沉闷，但如果认真分析，就会发现其会计处理方法的优点和漏弊——方向的选择和公司资源的分布——这些都会给管理者带来很多启示。李嘉诚认为，管理人员对会计知识的把持、对现金流的控制、对公司预算的掌握是最基本的元素。

一旦完成从项目制到公司级的转换，核心的要素就是行政人事以及财务人员的编制，形成相对稳健的生命体，成为生命体以后，组织的抗风险能力就更强。

我们知道，很多公司的财务管理人员包括会计、出纳以及注册会计师，他们在公司里面承担着非常重要的工作，是企业内部资源调整、分配、优化的总管家，相当于很多组织里面调度的角色，缺少了财务的规划与管理，组织的资源调配就会凌乱。

财务两大属性的服务体系

就财务本身来讲，它有两大属性的服务体系：

第一大体系是面向服务的体系。它是支撑内部市场拓展、品牌推广研发以及销售的有效工具。财务管理通过机制的牵引，通过内部的资源调配和完整意义上的薪酬完善，从而极大地调动员工的积极性，使得创业项目走向更好的发展。

第二大体系是内部监控的角色。好的创业团队的财务人员，如果做得比较精细，它就集合了助推与监控的功能。一方面，财务的手段引领公司内外部更有效的资源助推企业的业务成长，实现公司长效的发展；另一方面，财务又是一种监管，控制企业内部的一些相关指标，慢慢地实现计划，达成管控的效果。

财务人员首先要做好服务工作，比如说内部的票据报销、财务审核等，还要配合人力资源部门、行政部门等部门优化内部管理。同时，财务人员还要从企业的核心利益出发，做企业价值观的最终利益捍卫者，通过财务管理的机制和杠杆保证公司的公平、公正的管理，协助企业领导人决定该向哪些人倾斜资源，该对哪些人进行惩罚。

可以说，这也是一种绩效管理的过程。绩效管理是企业管理不可回避的方式之一，它背后的主要执行机构是人力资源和财务部门。你能看到财务部门所起的引领作用在企业的发展过程中非常重要。

并不是绩效管理引进了略带有狼性的竞争机制，使得内部温情慢慢淡化，这对绩效管理是一种误解或者说亵渎。绩效管理最本质的特征是让千斤重担人人肩挑，把公司战略级的目标分解到部门，再按照时间纬度分解到个人。在竞争过程中，内部的竞争和合作一定会共同存在。有一篇文章叫《绩效主义毁了索尼》，该文中的观点值得商榷。对于像索尼这样一家公司来讲，如果说他要垮掉的话，它自然就会垮掉，和绩效管理本身没有什么关系。这里面有一个尺度拿捏和均衡的问题，不能单一纬度上认为是绩效主义毁了一家企业。

在当今的竞争环境中，我们可以看到，企业不可能不运用财务的杠杆来考评一个员工的贡献与回报，无论是平衡计分卡、KPI、360 度考评还是计件、计时工作制等，无论哪种方式，背后都与财务管理紧密相关。

在进行财务管理的时候，必须有一套从下到上的有机管理机制。

企业缺乏了财务的管控，企业的管理如同一盘散沙，资源无法发挥出高效能，企业的发展就会变成蜗行。

让每个员工成为公司正向价值的创造者

公司级的指标逐步分解，包括相关的预算也会层层分解。反过来，每一位员工的努力，汇聚成了公司的业绩、价值、品牌，这是一个循序渐进的累加过程。这个过程中有两个纬度的流动：

第一个维度的流动是文化指标。通过文化的落地和更新，实现公司上下同欲，如臂使指，大家在这个平台上都能够有一番作为。

第二个维度就是每个人作为公司创造的主体。在这样一个浮躁的社会里，职业精神严重匮乏，带来一个非常要命的问题是绝大部分人在公司创造的价值为负。

如果公司每个月支付给一个员工 5000 元人民币的薪酬，加上交纳的税费、保险等，可能总共支付在一个员工身上的费用接近 1 万元，但是他所创造的价值，可能连 8000 元都达不到，这样的员工对公司来讲就是负资产。如果一家公司这样的负资产非常多的话，就会濒临破产。一个调查公司曾经做过相关的调查，结果表明整个中国有接近 60%~70% 的员工为公司创造的价值为负。

由此我们可以看到内部管理的重要性，要改变这种管理的尴尬局面，金融财务管理是一个很重要的手段，就是在节约成本、扩大销售等常规基础概念后，还需要强调对人的合理开发和价值挖掘，以达到公司和个人的完美共赢。

有些公司在这方面做了很多探索，围绕着员工为组织所创造的价值和贡献来进行相关的独立核算，比如说做得相对比较好的海尔。海尔的 SBU 经营管理机制就是成立内部的独立核算机制，进而把员工创造的价值和投入在员工身上的成本做核算，让每个员工自动成为职业精神的有效载体，真正地为自己创造价值，这样一来，极大地释放了员工的创造力，或者说进一步强化了员工内在的紧迫感、压力感和使命感。

当一个员工真正意识到自己是创造价值的主体，不再是组织的附庸，组织只给他提供一个衡量价值与施展才华的平台，这是对人的一种肯定，是人本价值的一次升华。

从现代管理的意义上来讲，激发出人内在的积极性和能动性，让人真正地创造价值，成为价值创造的主体，进而分享应该获得价值的一部分，这就是财务管理于价值创造的意义。

无论企业选择进行哪一种创新式管理，都不能离开尊重人的价值，尊重人创造价值的能力。围绕着财务管理的核心，很多公司在管理上做了很大的调整，甚至部分国企也改变过去那样大包大揽的机制而演变成了一种灵活高效的机制。只要你有能力，你在公司的发展就没有天花板，甚至允许你在公司内部创业，只要你创造了足够的价值，公司就愿意给予你更多的价值分享。

2003 年度“亚洲最佳雇主”调查中，上海波特曼丽嘉酒店荣登榜首，获得员工满意度最高奖。调查中，女员工在“对公司哪一方面最满意”的回答上，一致填写了“酒店把我们当绅士淑女看待”。该酒店总经理认为，员工不是仆人，不低人一等，他坚信每个员工都有服务的天赋，作为总经理，不是控制、监督他们，而是培养他们的能力，并给每位员工自由的空间。

向主动外延式财务管理模式进阶

有一位山西的企业家，谈到他对司机的管理模式，给了我们很大的启发。司机的管理难度，无外乎基本薪酬和绩效资金，激励司机安于本职、勤恳敬业，而且司机的忠诚度很重要，因为他了解老板很多私密的个人信息，就像前段时间某演员嫖娼被抓就是他的司机举报的。那么该如何对司机进行有效的管理呢？这个老板对司机的管理模式很简单直接，根据你行车里程来付薪酬。你开车走了多少公里，就按要求给你多少钱，比如说今年走了 20 万公里，每 1 公里给你 1 块 5 毛钱，再加上过路费和油费，以及其他保养费用，这些一起打包作为你的薪酬。他发现这样做的结果很不错，司机的工作积极主动，车辆维护尽职尽责，并且忠诚度提高了。

这个老板又讲，在运行这种管理模式之前，各种关于司机和车辆费用的票据要报销，审核起来确实比较麻烦，很难界定这些费用开支是否合理合规，是否有假公济私的手脚。他的财务经理就给他出主意，就是借鉴出租车的计价模式，比如跑一公里给 3 块钱，然后整体算给司机，多了也不用退，少了也不会补，简单而有效。

这种“联产承包责任制”极大地调动了司机的积极性，这正是财务管理的创新。在其中起到了非常重要的作用。企业在进行财务管理的过程中，通过有效的杠杆来促进内部管理提升。有些企业内部进行所谓的差距量化，就是由财务、行政、人力等相关部门组合成一个联合的队伍，彼此之间互相找差距，通过差距的弥补进一步提升公司的管理效力，这种方式把相关的为此所节省下来的钱，在财务上进一步优化给员工，整体来讲，员工也会觉得很受益。企业进行 PDCA 管理升级过程，成本管理费用控制是重要目标。

除了日常的管理，财务还在公司融资并购中起到相当重要的调控作用。当企业进行融资或者要进行并购重组时，除了需要法律上的专职顾问以外，还需要有资深的财务专家，因为财务管理对企业的财务运作有最为清晰的认知。很多大型集团机构的财务管理团队都是比较庞大的，尤其要求有一个能力较强的财务总监协助总裁或董事长在外部市场上寻找相关并购对象，然后进行拓展并购，实现资源整合与嫁接。

过去的财务管理模式已经由被动式演变为如今主动式的外延式的模式，这种财务管理不仅仅要求盯住企业内部的资产盘活，让企业内部的资源更有效地发挥价值，让内部员工的积极性更有效地调动起来，同时还要求盯着外部广阔的市场空间，真正做到企业的内部资源与外部的市场资源、产业社会的资源以及更广泛的资本市场进行充分的嫁接和沟通。

如果说人力资源管理或者文化管理还处于对企业进行效能提升的层面，那么对于资产管理人员，尤其是企业内部的财务管理专家来说，他们就能有效助推企业与外部的产业和资本进行对接，让企业从原来的管理效力进一步提升为产业效力和资本效力。三个效力的整体互动就能推动着企业形成一个闭环的能力整合，推动企业追求更高远的目标。

从本质上来讲，如今的优秀企业都是注重资本运作的产融结合高手，而产融结合的背后，需要财务管理工作者承担重要责任，这也就是为什么从融资和管理规范化的角度来说，在项目启动前期，财务管理就需要介入进来。

随着企业的壮大，财务管理团队和企业高管在外部产业社会的整合交流运作的过程中，磨炼了更为宽广的视野，拥有了产业的格局和胸怀，又能够娴熟地运用资本市场的工具，这对于企业发展来讲如虎添翼。

不管你是刚刚踏上创业之路，还是已经走得风生水起，时刻都不能忽视财务管理这一关，它就是你规划、助推、调控企业的不二工具。

第十二章

技术关：搏击市场的利刃

先进的技术为企业赢得更多的话语权

那些对技术研发有重要依赖性的企业，技术关决定着企业能否持续走下去。

技术改变世界的魅力有多大？我们来看一个经典的挖角故事。苹果无疑是靠技术征服世界的，当年，乔布斯挖角百事可乐的副总裁约翰·史考利时问他："你是想卖糖水度过余生，还是想一起来改变世界？"结果约翰·史考利被乔布斯说服了。

科学技术是第一生产力。

对初创型企业来说，需要认清你的生产力是什么？你靠什么在社会中生存？你靠什么来征服世界？过去，我们国家在对外贸易方面吃了很多亏，因为我们在技术、研发、投入等很多方面存在不足，在专利、知识产权等方面没有优势，导致中国制造在相当长的时间内，处在微笑曲线中间比较低的态势上。

如果不能很好地实现中国制造向中国创造的过渡，中国企业将永远处于产业链的低端环节。我们付出的汗水很多，得到的回报很低，这是必然的。

这些年来，我们开始觉醒，逐步重视在技术研发上的投入，在"互联网+"大的时代背景下，移动互联网技术在中国呈现了蓬勃的发展态势。甚至有些人提出来，中国当前的技术优势可以助推中国走在全球经济前列，在影响力上可能获得全球老大的位置。短期来看，通过对中美的宏观比较，我们还不具有绝对的优势。但是，如果我们在工具技术层面上有突破性的进展，有助于我们的企业在国际上获得更多的话语权。

在企业内部研发的时候，尤其对于中小企业，有两种情况，第一是企业靠技术起家，具有核心的技术，以技术拥抱销售，拥抱财务，拥抱资本；第二种情况是自身技术优势并不是很明显，通过代工慢慢切入到技术中，像华为等一批企业其实都是从这样的阶段发展起来的。

在武汉有这样一家企业，最早的时候做台湾品牌的代理，慢慢地开始自己推动研发，后来产品做得比台湾还要好。企业发展壮大以后，反而把台湾的企业收购了。市场是大家的，唯有技术是自己的。

企业的创业阶段，资金能力不足、技术能力相对薄弱，技术研发可以有两种路径：第一种路径是自主研发，就是自己整合相关的专家资源，雇用技术牛人进行自主研发；还有一种路径是合作研发，很多的企业在进行相关产品研发的时候，直接将他人的项目采购回来，或者借助外部的科研院所——甚至是竞争对手——大家组织起来共同推动，抱有一颗开放包容的心拥抱世界。比如说国防科工局有大量的军转民的项目要落地，很多企业以项目入股的方式引入进来，然后内部再进行承继式研发，这样就享有了独立的知识产权。

在互联网主导的世界里面，连接变得越来越简单，越来越轻便，也越来越容易。如何更有效地发挥出“资源聚合”的优势？我们不叫“资源整合”，因为“资源整合”代表着傲慢，而资源聚合更多的是放低自己，以一颗谦卑的心和外部建立关联，这样才能够有效地把很多外部优秀的科技成果拿来为我所用。其实公司可以把研发项目进行外包，这种形式甚至可以推动一些技术创新在全世界范围内获得更有效的智慧的连接，当然，这不是免费使用，而是建立一种合作关系，利益共享，从而更轻松地为企业发展助力。

无论是哪一种对技术的重视，对品牌的打造，对知识产权的专利的争权，都是中国新一代企业家占领产业制高点的核心武器。

技术研发必须贴近客户的诉求

最近大家一直在炒一个概念，叫众筹，包括股权众筹、债券众筹、回报众筹等，我觉得更重要的是一种智慧众筹，把大家的智慧连接起来，成就了企业更大的梦想。

从小米的自身升级来看，它在整个运作过程中，把研发和客户之间进行了紧密互动。一旦把企业的研发行为变为社会化的行为，对于企业本身来讲，铁杆粉丝们协助占领市场，卷起一轮又一轮的销售风暴。

过去的研发很简单，研发人员在黑匣子中摸索研发，研发出来以后形成产品，再推向市场。这种研发模式下的产品推向市场是非常傲慢的，比如说福特推出汽车时，福特老爷子就曾经讲过："不管世界上需要什么样的车，我只提供黑色的 T 型车。"当时的卖方市场里，T 型车因为它的规范化以及标准化的运作确实也取得了成功。

到了今天的买方市场环境下，再靠过去傲慢的风格做事已经不可行了。那现在该怎么办呢？就需要踏踏实实地聆听客户的诉求，甚至让客户也参与到研发中，和企业研发团队实现良性互动。只有这样，我们设计的相关产品，才是面向客户的真情回馈；只有这样，每个顾客内在的渴望都有可能被满足；只有这样，才能极大地调动客户参与公司的研发以及文化建设的热情。小米的成功就在于此。

初创企业的技术研发和秘诀是始终和用户保持互动，做好迭代式升级，不断推动产品完善。

在小米的发展过程中，诸多客户贡献了很大的价值，提出了一系列的意见和建议。难能可贵的是，小米没有把大家的意见和建议当做耳边风，而是悉心接纳并转化为在产品创新和设计上的动力，在这种情况下，很多交互式服务的功能就都体现出来，这种产品往往都会获得良好的认知。

再看苹果的发展，固然有乔布斯这样的高手引领技术创新，但背后更重要的是对人性的深度掌控，对美的深度追求，其背后更大的价值在于能够和外部广阔的顾客群体进行价值层面上的深度互动。一种偏执狂式的不开发确实感染人。乔布斯的研发并不是鄙夷，而是绝大部分循规蹈矩的消费者无法和他的想象力对话。

现在很多公司的技术研发也和大数据结合起来，这是一个了不起的进步，它会通过有效的社会调研获得巨量的数据，通过巨量的数据分析人类的消费需求、消费特征，围绕这些方面对症下药，进行研发和跟进。

这个时候，技术已经不单纯是为了生产某一个产品或者为了提供某一种有效的服务，它背后连接的是广阔的市场需求中最隐蔽的潜在消费点或者说是更核心的发展密码。如果说技术研发掌握了市场命脉，掌握了核心密码以后，再进行市场拓展时，技术研发已经演变成与客户进行交互对接的品牌行为和营销行为，是企业面向外部合作的行为，那么市场拓展和品牌营销就会取得异乎寻常的效果。

比较而言，万科的住宅要卖得更好，同样的地段，万科的规划设计、售后服务就比别人做得更好。其背后是万科养着一些“多余的人”，他们整天研究客户诉求，把客户当做永远的伙伴。

当观念打破了过去那些条条框框，我们就会发现人的思维可以进行无限多的连接，这个时候你会惊奇地发现，研发不再是过去单纯考虑投入和成本，经常坐冷板凳的行为，而是一种深入人心、贴近人性的很有人情味儿的事情。有了客户的温暖陪伴，那么公司甚至可以不必执着于技术上的完美无缺。

研发人员要花更多的时间和客户在一起

未来的研发在很大层面上都会体现一种交互式的应用，研发人员与客户会用更多的时间交流，产品的研发设计会更多地考虑客户的需求，创新研究的目的在于满足客户的需求并且激发他们的潜在需求。研发人员与目标客户在一起交流的时间和内容越多，产品就会更受市场的欢迎，不论是创业型企业，还是已经上市的企业，都需要明白这一点。

丰田刚开始崛起的时候，日本车在全球的竞争力很有限。丰田公司为了汽车能够打入美国市场，专门派出了几组考察团，进入美国的家庭并和美国人生活在一起，对美国家庭的饮食结构、家居住房以及消费习惯等很多方面进行细致入微的记录，然后对这些相关数据进行汇总，经过对数据的仔细分析，然后对车的型号、大小、外观等做了精细化的设计。后来，丰田在美国一炮打响，在美国当年的经济不是特别好的情况下，也迅速地占领了在美国的市场并不断地扩大市场份额。

丰田的研发人员并不闭门造车，而是和目标受众一起生活，一起欢笑，一起痛苦，经过这个过程研发出来的产品自然具有更多的人性化元素，更加贴合美国市场的需要。

丰田这种研发方式正是我们要推崇的，研发绝对不是坐在实验室里拍着脑袋就能想出创意，过去那种敝帚自珍、闭门造车的方式必须被打破，我们要勇敢地从从客户中来到客户中去，勇敢地和外部世界进行拥抱、融合。

当研发人员与目标客户有了这样亲密的互动，研发反而变得相对简单，过去因为孤岛的存在，即使门对门之间也存在巨大的信息壁垒。比如说，甲正为一个问题所困扰，而在乙那儿这个根本不是问题，但因为信息交流的不便利，或者说没有打破门槛成见，导致彼此保守隔绝，从而做了许多无意义的重复工作，严重浪费资源。

今天，如果你拥有这样的开放思维，能够积极拥抱外面的世界，无论是行业内部拥抱同行，行业领袖拥抱行业内优秀企业，还是突破行业拥抱其他行业的优秀企业，都能在这种交流合作中获得很大收益。事实上，当年很多斗得你死我活的竞争伙伴也都互相开放了实验室，共享不开发资源。

突破过去的经验范畴，获取更多的信息和资源支持，研发不是高高在上的，而应该接地气、办实事，创业者要勇敢地走出去和更多的人、更多的企业、更多的关联组织进行拥抱，众多的资源很可能在那里默默等待你，能否迎来微笑花开的美丽瞬间，就看你能否突破这一关！

第十三章

营销关：实现创业价值的必由之路

营销的本质是贩卖利益

对于创业企业来说，有一个和现金流一样重要的关卡，那就是营销。营销是企业造血的基础源泉，也是企业和外部之间建立连接的一个非常重要的纽带，内部的产品和服务，不仅仅要为我们内部服务，更主要的是产品和服务拿到外面的产业社会中，实现价值交换，一方面获得自身的生存和发展，赢得尊重，另一方面也满足了产业社会的需求。

过去讲到营销的时候，更强调的是从 4P、4C、4R 等维度上进行营销，在技术层面上如何深度营销，如何有效地在独特的领域市场内做好、做精。今天再来看待营销的时候，营销的概念已经突破了原来的边界，组织的边界发生变化，营销其实也已经发生了变化，现在更多的是从点到线再到面最后到体的一个循序渐进的过程。

从历史脉络上看，营销更强调的是“一招鲜，走遍天”，比如“王麻子剪刀”的产品，就是因为经过“三看”而出售的产品质量能得到保障，所以在相当长的一段时间内能够在其领域内独领风骚，然而今天的竞争已经是全方位的，消费者的要求比过去也多了，他们对产品和服务背后提供的利益有了更多的期许。

有这样一个小故事，某城市郊外有一个天然水库，每年夏天都会有大批游泳爱好者纷至沓来。由于水库是这个城市自来水的唯一水源，因此，管理者就在库区遍地竖起许多“禁止游泳、违者重罚”的牌子，并且加强巡逻，但效果一点都不好，游泳者变着法子偷偷到这里来玩。后来，管理者改变方法，撤销了巡逻制度，换了公告牌，上面写道：“您每天使用的自来水全都来自这里，为了您和您的家人身体健康，需要保持这里的清洁卫生。”游泳的人就渐渐少了。

简单粗暴的“禁止游泳，违者重罚”丝毫没有让这些爱好者产生利益受损的感觉，而关于城市自来水来源地的温情提示让很多人关心自己的饮水健康。更换公告牌后，保卫城市自来水的卫生就是保卫自己及家人的健康，成为大家的共识，即便有不守规矩的人想去游泳，也会被其他人鄙视甚至干预。

这种转变的原因是什么？城市居民的利益！归根结底，我们要看到，营销本质也是对消费者利益的关切，产品和服务也一定要站在消费者角度思考。

在某学校旁有好几家豆浆店，大部分的店家生意起起落落、时好时坏，但有一家生意特别兴旺，每天客人川流不息。经过细心的观察，原来这家店生意特别好是有其原因的。一般豆浆店卖的甜豆浆只能加白糖，但这一家却提供三种不同的糖供顾客选择：第一种是白糖，和其他几家并无不同；第二种是具有滋养喉咙保护声带功用的蔗糖，这是为在附近教学的老师所贴心准备的；第三种更绝了，由于学生群也是该店的主力客户，而学生们喜欢新奇，店家特别针对他们的特性准备了黑糖，加上去整碗黑黑的，别有一番滋味，学生们戏称为“巧克力豆浆”。除此之外，这家豆浆店的老板和服务员对客户的姓名都能熟记于心，每一次你去光顾的时候他们都会亲切招呼，同时还为老顾客准备了一些赠品相送，例如浮在豆浆上的豆皮层，店老板特地捞起来送给年纪较大的老客户，让他们带回去作为营养补品。榨豆浆剩下的豆渣则是送给老太太们，并教他们带回去用酸菜煎炒，做成一道可口又下饭的佳肴。所以他们这一家店每天车水马龙，店员们也都忙得不亦乐乎，至于其他店家简直是门庭冷落车马稀，形成强烈的对比，真是几家欢乐几家愁。

你提供的产品和服务，要从完美的体验、感性的心情和理性的产品品质三个层面让“顾客感动”，企业才能成为市场的领导者。谁能为消费者提供富有竞争力的利益，谁就能在营销中独领风骚。

营销的创意

创业公司一般都不会放弃很好的宣传机会。美国有一架飞机在下降时，遭遇到了一只叼着兔子的老鹰，这让机上人员大惊失色。幸亏那只老鹰见一庞然大物飞进，弃了野兔逃之夭夭。谁知祸不单行，那只被老鹰放弃的野兔偏偏掉到了飞机发动机附近，被巨大的吸引力吸入发动机，发动机发出一声巨响，飞行员惊出一身冷汗。飞行员查看设备状态，一切良好，那只撞击发动机的野兔竟然没有损伤发动机。飞行员急忙把飞机降落到最近的机场上，地勤人员迅速检查了发动机，那只野兔撞击的地方不是发动机的要害部位，只是使螺旋桨受到轻微损伤。生产这架发动机的加拿大普拉特惠特民公司，接到消息火速赶到美国，对他们生产的发动机进行检查并得出结论：野兔没有撞坏发动机是因为发动机构造合理、质量可靠。结论传到总部，普拉特公司看出了这件事背后潜藏的巨额利润，公司通过精心策划，大力宣传他们生产的发动机是世界上唯一通过“高空撞击考验”的发动机。世界上所有飞机发动机都不敢做高空撞击实验，普拉特公司的宣传，无疑充分证明了他们生产的发动机的高质量。

这一危机事件，成为普拉特公司的营销宣传机遇，这种营销创意成就了它。

建筑界对薄而强度大又不易破碎的玻璃产品的需求日益增多，尤其是对安全性要求很高的建筑物，如银行、珠宝店的门面，还有一些国家要求监狱和劳教所的窗户用玻璃代替铁条。面对社会需求，美国歌露博－亚美提公司抓紧时机开发了一种新产品：由四层夹层组成的“安全－轻便 4x”型强玻璃。这种玻璃强度高，能经受重击而不碎。产品是开发出来了，但怎样使这种产品立刻、广泛地被建筑学界所认识呢？为此，该公司选择了美国劳教所委员会在米尔沃基市召开会议的机会，在此市举办了一次新产品展览。这次展览安排得非常巧妙，他们把这种新产品镶在框架上，右上角贴上“安全－轻便

4x”的标签，玻璃背面贴着一张 1000 美元的支票，旁边放着几根球棒，告示上写着“击破者可获得 1000 美元”。他们邀请参观展览的人，每人用球棒向玻璃击打三次。如果没有人能击碎玻璃，这 1000 美元将捐献给米尔沃基市的慈善机构。展览那天，他们还邀请了新闻界的记者及摄影师，把玻璃强度报告及介绍这一产品的材料发给他们，请参加击打玻璃的试验。结果，参加者没有一个人能打破玻璃得到那张支票。因此，展览结束后，他们举行了向慈善机构捐款的隆重仪式，正像他们所预料的那样，这一系列活动得到了报界、电台、电视台的广泛宣传报道。至此，这家公司的营销宣传活动并没有结束，他们趁热打铁，复印了大量介绍该种玻璃的剪报，连同信件寄给所有建筑界有决策权的人物，经过这一系列的营销攻势，公司收到了大量订货单。真可谓：三球棒先声夺人，打出了大生意。

我还听过另一个故事。一位书商手头积压了一批书卖不出去，眼看就要大亏本了，情急之下，出版商想了一个点子：给总统送去一本。书送给总统后，书商频频联系总统并征求意见，忙得不可开交的总统随便回了一句：“这书不错。”这样一来，出版商如获至宝，大做宣传：“现有总统喜爱的书出售。”还把“这书不错”四个字印在图书的腰封上。于是，手头的书很快被抢购一空。不久，这个出版商又有一批书，便照方抓药，给总统送去一本，总统有了上次的教训，想借机奚落一番，就在送来的书上写道：“这书糟透了。”总统还是上了套儿，书商又大肆做宣传：“现有总统讨厌的书出售。”人们出于好奇争相抢购，书很快便全部卖掉。第三次，出版商再次把书送给总统，总统有了前两次被利用的教训，干脆紧闭金口不理不睬。然而出版商还有话说，这次他的宣传词是“现有令总统难以下结论的书，欲购从速”。结果，书还是被抢购一空。在这个故事里，“势”就是总统，借着有巨大影响力的总统的“评价”，书商成功地把书都卖出去了。

借事，借势，借市，借师，营销有大创意，就能搅动大市场。

打破营销的边界，挂羊头卖狗肉

从本质来讲，企业就是要创造顾客，满足需求，但是它本身的盈利模式发生了变化，变得更加多元。

过去任何经营都是单一的，到面铺为的是吃一碗炸酱面，面做得好，顾客满意，面铺就生意兴隆。到了后来出现了公司，出现了托拉斯，这代表了人类文明进步的演变，也可以看到企业的生态割据开始出现。

到了今天，无论是阿里系、腾讯系还是百度系，它们各自俨然成了一个系统，这个背后有了更多产业的延展力量，这种力量突破了过去单一的格局。

在现在的产业空间中，可能我们做某一项生意的时候，开始时“挂羊头卖狗肉”，比如奇虎360，本质上来讲它是一家杀毒软件公司，但是软件是免费的，公司通过其他方式实现盈利，杀毒软件成了一种营销与公关的手段。

这就打破了营销的边界，让营销变成了一件好玩的事情，这两年比较火的“罗辑思维”本质上也是这样。罗振宇坚持每周一次演讲，每次大概一个小时左右，吸引大量的粉丝进入“罗辑思维”的微信公众号。并且，罗振宇每天坚持发60秒钟语音，跟大家实现良性交互，实现了与号称三四百万人的庞大团体的连接。当然是不是真的有三四百万人，我们不得而知，但是至少他实现了连接，他一边浅吟低唱跟大家谈光荣与梦想，也可以谈大江东去、物欲横流，另外还可以去卖一块腊肉。

这个时候我们再来看待营销的时候，其实已经有了很大的变化。实际上罗振宇背后的“逻辑思维”已然成为了比较大的微信电商，他做视频、做音频，这个本身是不挣钱的，就算他通过野蛮粗暴的手法收取会员费，也只能做到略有盈余，基本上不会挣大钱，但是他通过这一营销方式聚合了大量的人流，然后做微信电商，这个时候就可以看到呈几何增长的收益。

再看郝畅的例子，他做皇太吉煎饼是否盈利？估计悬！卖几个煎饼果子能挣多少钱？但是通过卖煎饼果子的行为把自己炒得沸沸扬扬，让大家看到他竟然可以开着奔驰送煎饼，他把煎饼和人生构建起关联，这种玩法很高明。此时他在资本的助推下进军餐饮，大玩跨界。

这就相当于是“姜太公钓鱼”，拿一个直钩去钓鱼，本质不在鱼，而在于周公。郝畅的煎饼、伏牛堂的米粉，背后是要调动起更多的投资人认可他们的才华和能力，进而实现金蝉脱壳，获得商业模式的更大的延展。还有马佳佳，她卖相关的粉红用品，能真正挣到多少钱呢？但是通过这种有效的方式，让大家对互联网思维背后蕴藏的势能有充分的认知，所以马佳佳会被请到万科给高管讲课。

从上述案例你能看到，势能得到了很大的释放，营销的突破和拓展就有了新的可能，从而跳出原来销售的产品，获得一种新的契机。今天，做营销就得突破原本的边界，玩出些新意来。

将个性化服务做到极致

被誉为台湾“经营之神”的王永庆 16 岁时，向父亲借了 200 元钱创业，在嘉义经营米店。由于有多家同行竞争，如何争取消费者让王永庆煞费脑筋。最后，他想到了“服务”，以最贴心的服务胜出。王永庆不定时到客户家“巡视米缸”，并把估计能够食用的天数记在小册子上，等到客户用罄日期的前几天，即载着米再度拜访，取得许可后，就把旧米先倒出来将米缸擦拭干净，再将新米倒入缸中，然后再把旧米倒在上面。大家看到王永庆细心又勤快，米好服务也好，于是就成为长期客户。他就是以服务打响知名度，成为嘉义地区业绩最好的米店。

在同质化竞争激烈的市场中，要吸引顾客，占领市场，就必须讲究服务，而服务就必须讲究针对顾客的个性化服务，同时还要将个性化服务做到极致。

防止大客户跳槽

大客户又被称为重点客户、主要客户、关键客户、优质客户等。一方面是指客户体量大，一般是指大企业和代理商等；另一方面指客户的价值大，20% 的大客户贡献了企业 80% 的利润。因此，企业必须要高度重视大客户营销和服务。

防止大客户“跳槽”的主要措施如下：

1. 在企业内建立大客户管理部门。为更好地管理大客户，有必要建立下面工作组织职能链条：企业→大客户管理部门→交叉工作组→大客户。其实，跨国公司也是这样做的，诸如办公设备巨头施乐公司，公司拥有 250 个大客户，与这 250 个大客户之间的业务就是由大客户管理部来处理的，而其他客户的管理工作，则由一般的销售队伍来做。

2. 采取最适应的销售模式。大客户与企业的合作具有一定的特殊性，而其特殊性就体现在模式创新性、价格特殊性、服务紧密性等诸多方面。而这些特殊性就要求企业最大化接近大客户，掌握客情需求，为此很多销售模式应运而生，诸如以直销为基本特征的俱乐部营销、顾问式销售、定制营销等等，这对于把握对大客户的时间精力投入、信息收集、个性化策略制定以及个性化服务大有裨益。

3. 建立销售激励体系。企业必须给大客户建立销售激励政策，大家知道，激励就是对一个人的期望的管理。通过激励使其更加感觉到合作的“甜头儿”。其实，很多企业把客户划分为关键客户（KA）、重点客户、一般客户等几个级别加以管理，并根据不同级别制定不同的管理政策，目的就是对那些对企业贡献度高的客户予以激励，包括物质激励和精神激励。

4. 建立信息管理系统。企业有必要引入大客户管理系统，以大客户的信息资料为基础，围绕大客户进行大客户发展分析、大客户价值分析、大客户行为分析、代理商贡献分析、大客户满意度分析、一对一大客户分析等工作，是决策层对大客户的发展趋势、价值趋向、行为倾向有一个及时准确地把握，并能对重点大客户进行一对一分析与营销。

5. 建立全方位沟通体系。大客户管理部门中的大客户营销人员、客户经理及其主管要定期或不定期地主动上门征求意见，客户经理能随时与大客户碰面，发现大客户的潜在需求并及时解决。要加强与大客户间的感情交流，根据企业实际，也要定期组织企业高层领导与大客户高层之间的座谈会，努力与大客户建立相互信任的朋友关系及互利双赢的战略伙伴关系，这样有利于化解渠道冲突。

6. 提升整合服务能力。提升整合服务能力应以客户为导向，包括以下内容：量身打造服务模式（如顾问服务、驻扎服务）；建立服务沟通平台（如网络、电话等）；开通大客户“绿色通道”（为大客户提供便利措施）；强化基本服务（基本服务项目保障）；提供增值服务（不断为客户创造产品之外的新价值）；建设企业服务文化（企业内部文化传播和对客户传播）；提供完善的服务解决方案等等。

聚焦核心客户，尤其创业期要服务好种子用户，这是创业企业星火燎原的创生力量。

连接是未来营销的大趋势

小米有一款 69 块钱的移动电源，这个价格，产品利润是非常薄的，但是在小米的体系中是可以做的，借助小米背后所构建出的围绕职能硬件所做的整个布局，它可以实现紧密的连接，69 元的电源发挥出数倍的价值。

在“创业镐头”的社群培训中，我们经常会讲一个概念，就是当一个人如果想要实现飞翔的时候，他一定要像天使一样长出两只翅膀，但是如果有一个比较好的机制支撑的话，就可以去拥抱一个有一只翅膀的人，我只要再长出一只翅膀，我们两个人就可以飞翔起来。如果有 50 个人、100 个人连接起来以后，那么只要大家一人长出一根羽毛就可以整合成一双翅膀，这与我们前面讲到的红杉林的理念是相通的。

未来的营销就是要构建一个全生态的格局、生态的链条，从而实现交易成本的极大降低，让生意变得简单。当年马云创建了阿里巴巴平台，实现了“让天下没有难做的生意”的初衷，今天很多平台做的工作，进一步去除了中间很多成本，让企业的运转变得更加容易，站在今天的角度，重新审视营销这个命题时，它已经突破了点、线、面的关系，开始走向了商业生态的新局面。

创业者不要闭关误企，也不要敝帚自珍，要勇敢地用自己的商业模式、自己的团队、产品去和外面的企业进行连接。未来的企业竞争，在很大程度上取决于企业集团，这个集团不是常规意义上的集团，而是系统或者是企业生态格局之间的竞争，我们一定要主动拥抱这种格局，这是一种势不可挡的趋势。我们今天看到大佬之间的合作便是如此，像打车软件和阿里系统的深度合作，京东电商和腾讯微信的合作，包括当当网，想当年李国庆多么要面子的一个人，也主动把店面开到京东、开到淘宝上。这是一个开放的年代，须有开放的胸怀才能跟得上发展的潮流。

相互拥抱、相互连接是一种时代性趋势，未来的营销一定是建立在趋势的基础之上，很多产品围绕着社群进行深度开发，使得社群的生意变得更加庞大，成为一种势能。社群的背后是人的连接，是基于人性共同的价值判断、审美情趣的连接，这样一来，营销成为水到渠成的事情，而前面为营销所做的铺陈，一旦连接上后面所做的细致服务，就真正地成为了营销的核心所在。

过去做营销的某些核心环节，在现代社会中可能变得已经不太重要了。这是传统营销的诸多原始概念被颠覆的时代，也是我们重构营销、重新获得企业核心价值优势的一个非常有利的时机。

第十四章

品牌关：
企业存活的底气

品牌就是公司的脸面

通过营销，能够实现更多资源的良性嫁接，从而实现营销的精准化。不论是活动营销、市场营销、还是网络营销，背后都有一个重要的支撑，那就是品牌。

在现代社会中，特别对于中国人来讲，一个公司的品牌就如同一个人的脸面一样，同样一种产品，背后有了品牌属性，从孤立化的角度来讲，产品售价就会比其他同类产品高出很多。在这种脸面的背后传递出的是一个人，一家企业，一个产品的品质、内涵、价值。

品牌的背后体现了对人的一种黏性和连接，就是构建起一种价值主张，通过这种价值主张实现特定人群的连接。比如说穿阿玛尼服装的人，体现了他对阿玛尼服装这个品牌的认可，以及对阿玛尼背后所宣传的理念的认可，这种理念和阿玛尼服装自身的使命、价值观相匹配，又和它所传递的围绕健康、生命、生活等方面的追求结合起来。

品牌文化背后的魔棒，其实是文化，也就是企业的文化认知、文化高度。我们思考品牌背后的价值，一定要从文化的层面、哲学的层面上解读，这个时候再看品牌，就会意趣盎然，看一瓶饮料，一身服饰，它们的背后已经超越了今天看到的物质层面上的东西，更要关注的是背后的精神力量和价值。

我们很少见到像耐克、阿迪达斯等公司来宣传它们的产品品质有多高，因为单纯强调产品品质属性，已经不足以托起它们在人们心目中的重要性，不足以托起它们在市场上的价格高度了。比方说一双鞋子，如果仅仅谈它功用性的一面，几千块钱就属于漫天要价；如果通过品读鞋子的品牌背后所传递出的价值理念和拼搏精神等内涵，价格再高也值得拥有，这就是品牌的价值。

从品牌本身来讲，它有精神层面的属性，也有物质功用层面的属性。更进一步来讲，正是这种精神层面上的主张，赢得了广大客户的认可，这是基础。所以产品在品牌传播的过程中，首先要注意把品牌的基础夯实。这是很多企业管理者不得不面临的一个非常重要的关口，很多时候，这个理念讲出来，大家都能接受，但是实际选择的时候，能不能做到就不一定了。

我们来讲一个大家耳熟能详的案例，海尔创业之初，张瑞敏刚刚入驻海尔时发生了一件事情，公司生产的400多台冰箱中竟然有76台存在质量问题。按照此前海尔的惯例，这些冰箱既然有质量问题，那就让老员工以低价买回去当成福利完事，既不浪费也不会把品质不好的消息传到外界去。张瑞敏没有这样做，他认为任何质量问题都是不可以接受的，决定把所有的问题冰箱统统砸掉。这76台冰箱被砸，由此在员工心目中树立起品质第一的品牌意识。

2011年，罗永浩在北京西门子总部门前抡起大锤砸了3台西门子冰箱，当场一地碎片，一时间成为大众瞩目的焦点。被砸的冰箱，分别属于音乐人左小祖咒、作家冯唐和老罗自己，这些冰箱的问题都属于冰箱门不易关闭。老罗和其他用户要求西门子公司承认质量问题并解决好问题。但这个一贯被中国人信赖的德国公司的态度让他们非常失望。于是，失望的老罗用一把铁锤砸在了西门子冰箱身上。罗永浩砸冰箱的行为直接撼动西门子的品牌价值，一时之间，负面新闻的传播让西门子遭遇了严峻的考验。

如果缺乏一个基础有效的质量保证，企业很容易面临品牌危机。三鹿集团就因为三聚氰胺事件，一夜之间身败名裂、企业破产，辛苦积攒多年的品牌形象瞬间瓦解。

品牌建立非一朝一夕之事，但是如果要毁掉它的话，却只需要有那么一两件出格的事情，一夜之间就可以把一个大品牌瓦解掉。在资讯发达的今天，纸是包不住火的，负面新闻瞬间就能传遍大江南北，连接的便利性、资讯传媒的便捷性使得企业能够更好地整合资源，但同时也让品牌在瓦解的过程中产生裂变式崩塌。

“酒香不怕巷子深”的年代似乎渐行渐远。鱼龙混杂的创业大军中，每一家公司都开始尝试像媒体那样发声，甚至有些初创公司的核心业务就是不断制造新闻卖点吸引投资人，至于服务客户反而等而次之。越来越多的创客追求自身的传媒属性，或者借力社会传媒资源，进行全方位的宣传造势，虎嗅、36 氪以及创业邦、创业家这样的一些媒体、杂志类公司异军突起，他们本质上就是帮助创业者有效地传播品牌、输送品牌价值，而自身的传媒属性让他们得到投资人的青睐。对于那些天然具有传媒属性的项目，加上自身的互联网基因，而项目本身又具有发展空间，那么投资人与创业辅导团队便会给予更高的评价。

前面提到过陈年的一篇文章，反省凡客的发展过程中某些员工尸位素餐，没有做出有效的价值贡献。陈年本想通过这篇文章来换取大家对凡客情感上的认同，可是没想到文章出来以后，墙倒众人推，几乎没有人替陈年说好话，甚至某些凡客品牌服装的消费者也因为陈年的文章而对凡客产生了一种失望感。

很多创业者都有品牌建设的意识，都想做成一家了不起的公司，做成领袖级的企业，但在实际的运作过程中，常常纠结于当下的生存与品质问题，因而舍弃品牌建设。其实，在品牌运作上，抓好基础，控制好品质，从创业开始就对品牌资产进行管理，比如公司的商标、LOGO 设计、外部的品牌形象等。

当一个创业者有了这种品牌管理的紧迫感，他就会高度重视公司以及公司产品服务在客户层面上的认知和客户的反馈，这都是企业能否获得品牌系统提升的重要基础，如果没有这样的品牌支撑，公司在后续发展中必然会面临很多的问题。

打好媒体这张牌

这是一个媒体新生的时代，这是一个传统媒体人被消灭的时代。当前的所有组织和产业人士都将被添加媒体标签，媒体属性成为标配。

1. 拥抱社群

媒体和社群紧密结合，这将是新媒体的最大特色。社群化媒体时代的鲜明标志是：媒体走向小众化、特色化。

过去，我们只能看人民日报、看新华社的社评、看中央领导人的相关讲话，而如今，一部小小的智能手机即可连接全世界，意识形态控制及舆论管控的时代已经一去不复返了。大一统的媒体产品对大众进行全面覆盖的时代结束了，媒体聚焦特定人群（社群）成为必然方向。

我们必须尊重一个现实，就是人在不同标签切分下进入不同的社群，社群内部打得一团火热，而社群之外却依然路人。我们面临的是一个人被无形的很多维度切割的时代，也是一个社群取向的时代。实际上，这也是今天新媒体的运作空间。

老子心目中的理想社会是“鸡犬相闻老死不相往来”，历史上原始的社群是基于地缘和血缘而形成。当地缘和血缘关系被突破后，人获得了更大的流动性和更多的自由，大家凭借知识结构，审美情趣，业务爱好等等层面进行连接。

比如说有热衷马拉松和半程马拉松的跑步社群，有喜欢迪士尼电影的影迷社群，还有吃货社群……同时在一些相对细分的领域也会有一些人聚合，例如天体爱好者、古代诗词爱好者、豆瓣小组等，大家围绕一个热门话题、围绕血型星座、围绕平台经济、围绕一本畅销书，都可以组成小范围的讨论组，这也是社群的雏形。大家在这些领域中共享价值理念、精神追求、使命愿景。

实际上今天媒体的主要运作，就是成就社群。媒体自身成为了社群建设的工具。无论是地方媒体，还是中央媒体，无论是过去的传统媒体，还是今天的新媒体，背后都是在编织社群。如何有效吸引目标用户，同时让他们参与进来，成为所有社群建设的主旨。

这是一个碎片化的媒体时代，碎片化不仅体现在时间的碎片化，而且体现在人的精神取向、价值追求等很多方面变得更加多元、更加零碎、更加自我，这也是消费者主权的一个重要体现。

大众媒体会逐步减少，传统媒体逐渐沉沦，比如华盛顿邮报、华尔街日报等，他们的人流被进一步切分，一些小众媒体在自己的领域中精耕细作，获得更多支持。

我们今天讲到社群经济时代，更关注的是社群如何实现自己的媒体属性，以及在失控状态下与更多的社群伙伴的连接，通过打破集中管控模式，建立共享、共生、共赢的生态环境。把过去的围绕社群领袖发展粉丝模式，转换为纯正的社群模式，深度互动互通有无，让所有人受益。

传统媒体向新媒体转型的关键，就是跳下神坛与公众进行深度拥抱，发展更加宽广的网络化品牌。

同时在这样的时代背景下，消费者的接触面变得无限宽广，很多产品及服务已经不再仅仅关注盲目的注意力，开始寻求黏合度更高的伙伴们，吸引他们进入自己的社群，并与之狂欢共饮。

一个名为“餐饮老板内参”的微信公众号，运营不到一年，仅靠6万多粉丝，就获得了200万元天使风投，估值达到一千万元，成为国内第一个融资成功的垂直类自媒体。和其他公众号不同，“餐饮老板内参”专注于餐饮行业上游，并不关注餐饮消费者，6万多粉丝里，有30%是餐饮老板，有30%是餐饮食材供应商和设备提供商，这样就形成了一个封闭的产业链，具有极高的商业想象力。

2. 新理念、新模式、新价值

新媒体当然只是一个时间的概念，时间让一切走向陈旧，然后又迎来新生。曾经我们通过村里的高音喇叭获得新闻；后来，我们看报纸、杂志获得资讯；而今天，我们会认为电视、广播是传统媒体，而爱奇艺、优酷等在线视频网站是新媒体，所以说，新媒体是一个不断变更的概念。

传统媒体使我们眼界开阔，而现在的新媒体几乎成了我们身体延展的一部分。从过去信息的闭塞到今天信息的便捷获得，电子屏幕延展了我们的视觉、在线广播延展了我们的听觉，很多新媒体开始在手机端发力，智能手机延展了我们身体的半径所及。

新媒体有三个核，分别是新理念、新模式和新价值。

所谓新理念，过去的媒体边界逐渐被打破，国家间、社群间、产业间、接收者和发送者之间的边界不再整齐划一，人人媒体、处处媒体、实时媒体成为可能，未来的媒体属性就是民主和自由。这真是一个读者听众主权的时代，这个时代有一种摧枯拉朽的分解力量，把过去传统的、专制型的、垄断型的边界全部打破，开始变得多元、共享、沟通、协作，大家可以有更深层次、更多维度的互动。

所谓新模式，就是媒体走下神坛，成为连接中的一部分，成为传递信息、连接信息的好媒介。每个人都能进行传播，同时媒体并没有完全割裂，而是进一步融合，传统媒体和新媒体之间实现了价值上的有效结合，传统媒体在生产内容、质量稳定等优点与新媒体的传播手段工具的优势得到完美结合。媒体人朱伟华说："我是传统杂志媒体的主编，同时我也被很多朋友贴上了自媒体标签，但实际上我在车联网、电商、后市场和汽车产业创业投资等圈子里是汽车业内人士，他们并不把我当媒体人。我所在的媒体不止从事媒体和广告经营业务，从定制出版、培训教材开发到电商代运营、双微代运营无所不干。正因为如此，我才会深刻思考自己所从事的这个行业，汽车传统媒体会向何处去？"这正是媒体人创业思维的最好诠释。媒体除了线上线下多维互动，更变成了广阔的商业战场，所有企业生出媒体基因，希望媒体能够在创新性地连接用户、连接消费者的过程中发挥价值。媒体就其本身而言，已经是一个有力的工具，但是如果一个媒体人不能和商业、产业结合，那么也难臻于至善。

所谓的新价值，是指新媒体集中体现在从关注利益共同体，到精神共同体，再到命运共同体的有效尝试。关注社群的互动、关注内部价值传递和共享的社群更容易获得生存空间。这就像一个普通的微信群，一开始群主会精心维护，伙伴们也很热情地互动，但是如果没有有效的后续维护机制，没有有效调动用户的积极性和参与感，尤其是不能给伙伴带来价值的共享和实现，这个群就会败落下来。

3. 高度、深度和角度

这是媒体人的时代，但并不是所有媒体人都适合这个时代。当今，作为媒体人要有态度、有温度、有观点，最重要的是要有清晰的价值取向，哪怕这种价值取向存在争议。在一个社群里面，媒体人要高调喊出自己的价值观，而过去那些模糊的、暧昧的企图滥竽充数的媒体都会走向死亡。

运营平台的选择决定了媒体的高度。今天的企业媒体似乎已经毫无必要独立搭建平台了，微博、微信、QQ、淘宝、网络广播等已经成了底层的架构，如果你再开发一个APP，投入的成本是巨大的，而且是不值得的，只要把微博、微信的庞大用户激活，已经足够。

清晰主题的界定决定了媒体的深度。如果你的媒体以赚钱为目的，那么围绕女性、健康、创业、孩子等主题往往能够和产品、服务进行深度连接，快速获得收入；如果是吸引人，想要文章快速传播，那么心灵鸡汤，成功学等主题就是你非常好的选择。

目标群体的选择标准决定了编辑的角度。物以类聚、人以群分，媒体运营者的高度决定了读者的高度，通俗说来，你是一头狮子，你带领的也是一群狮子，如果你是绵羊，你带领的不过是羊群。但是这和经济回报并非正相关，很多赚钱或者通过微商赚到钱的自媒体，往往品相通俗，反而一些具有较高水平的媒体，往往生存艰难，可能也是曲高和寡。

媒体运营过程中，种子用户非常重要。前期在寻找种子用户的过程中，一定要高质量的文章或视频进行传递，同时这个过程中，运用一切手段、渠道进行有效传递，也可以用一些小恩小惠的做法，快速获得种子用户。现在很多创业者本质上是媒体创业，比如电商、培训等等，更多的是基于自媒体的创业。各种新玩法层出不穷，令人叹为观止，吴晓波、罗振宇异军突起；而黄太吉、雕爷牛腩和伏牛堂，又何尝不是做一分喊三分，把媒体属性价值发挥到最大化。

变中国制造为中国创造

品牌不单纯是一个个体人或组织的概念，它可以进一步上升到国家的概念。像网络红人罗振宇、罗玉凤或者做锤子手机的罗永浩，他们背后有了相关的势能以后，自身也成了一个品牌，虽然罗永浩做的锤子手机有这样那样的问题，但依然受到粉丝的热烈追捧。罗振宇曾经这样说罗永浩："即便罗永浩卖的不是锤子手机，而是一个普通的锤子，这个锤子卖 1500 块钱，可能也有大量的粉丝买回去作为收藏，这背后我们看到的是个体品牌的价值。"

在公司的运转过程中，中国开始有大量的公司尝到了品牌的甜头，尤其是驰名商标，品牌的价值对企业贡献非常大，在同样产品的选择中，品牌的溢价体现得非常明显。一讲到德国、美国或是日本汽车，基本上我们会认为这车不错，但如果说这是印度生产的汽车，估计你就会直接摇头，这便是国家品牌的影响。

中国制造的产品在相当长的时间内，在国际市场上不属于主流市场的核心产品，其实，我国很多的产品不论是设计还是质量都很优秀，但依旧还是不为发达国家认可，一种相对低端产品的代名词，这是一种悲哀。

联想的PC在美国销售价格比国内的价格要低得多，联想给出的理由是因为国内的产品价格中包含大量的赋税。除了考虑税赋以外，当然还有别的因素，就是在外国消费者的心目中，你的品牌认同度不够。是不是说有关企业对本国消费者不够尊重，不得而知，但这种做法会在大家的心目中构成对相关品牌产生负面的评价。其实不独联想，中国有太多企业选择把最好的产品卖到国外去，这和日本、德国将最好的产品奉献给国人形成了鲜明的对比。

不可否认，我们早期对洋品牌有着某种程度的过度依赖甚至是盲目崇拜，主要原因是国内相关产品的质量太差，因此过去产生了这样一批企业，打着所谓的国际知名品牌的由头获取顾客更多的信任。未来，更多的企业应该对全球所有的消费者一视同仁，在对本国消费者尊重的基础上，踏踏实实打造有国际影响力的品牌，创业者要真正靠自己的努力获得品牌价值，而不是靠着政府大量的投资。当一家企业的品牌价值赢得全球尊重后，自然也会慢慢地提升国家的品牌形象，当一个国家所有的产品都成为高科技、高质量、人性化的产品时，这个国家就会赢得世界的尊重。

从中国制造向中国创造迈进的路上，中国创业者任重而道远。

打造品牌背后的核心价值输出能力

随着吴晓波的一篇讲马桶垫的文章在网上热炒，国人开始新一轮反思中国制造。可以看到，如果一个国家没有品牌，如果这个国家的企业认为品牌价值有限，那么这个国家在竞争层面上就已经输了，这是我们都不愿意看到的。

在过去，我们的品牌意识薄弱，吃了很多亏，今天，当我们有条件提升品牌形象的时候，就需要从创业开始做好充分的准备，扎扎实实地做好品牌，打造品牌背后的核心价值。

在互联网思维、智慧经济、产业融合等方面，如果没有做好品牌基础层，并进一步延展到品牌设计审美以及品牌的中高层，企业就很难真正地在品牌方面有所建树，这实际上也是中国很多企业面临的问题。

产品即人品，这句话精准地诠释了品牌背后的核心价值。对于创业者来讲，构建品牌的过程是需要投入的，这种投入除要在服务层面严控把关，还要围绕品牌做价值延展以及外部文化价值输出等大量的工作。真正扎扎实实地构建品牌背后的科技创新、文化创新，这是创业者需要密切关注的。

品牌的背后是什么呢？除了讲到的产品和服务背后的坚持以外，还有核心价值输出能力。今天，正在从中国制作走向中国创造，这种能力，小到对一家企业，大到对一个国家都具有非常重要的意义。

每一位创业者都要做深入的思考，未来企业产品之间的竞争主要体现在品牌间的竞争，品牌的背后是文化，尤其是核心价值观。品牌决定了企业未来的整体发展，围绕品牌大做文章，获得很好的延展力，品牌价值实现的过程也就是企业快速成长的过程。而企业综合实力的竞争，又体现在系统的产业链布局上，包括围绕着品牌以及品牌背后的生态系统的竞争。

第十五章

责任关：挑得起担子才推得动发展

创业从肩负责任开始

若干年前，如果跟创业者谈企业的社会责任，很多人会嗤之以鼻，大家会认为你谈的是废话或者空话，这背后的问题是什么呢？是因为大家对企业的责任认识不深刻。

大概在七八年前，我采访过江苏的一家民营企业，这个老板的观念非常简单，他认为自己带领一些农民工一起搞事业，帮助这些农民解决收入问题、养家糊口，已经很了不起了。跟他谈企业的社会责任等问题，他就说："我养活这么多人还不算数？再搞别的，干脆把企业关掉算了。"

最近几年，随着劳动合同法的落地实施，随着大家在环境保护、社会公益等方面认识的逐步深入，也开始对企业自身的社会责任有了更加清醒的认知，很多企业家开始在内心慢慢树立责任意识，开始把企业作为一个社会公民对待，开始注重环保投入，在自然灾害抢救、在社会弱势人群救助方面积极参与，这其实体现了对人的尊重以及与社会其他群体的共赢意识，而不是过去的以邻为壑，或者是单一的从经济角度指标来看自己的企业。

中国绿公司年会由中国企业家俱乐部、道农研究院和《绿公司》杂志主办，致力于推动经济的合理及长远增长。年会创立于 2008 年，于每年 4 月 22 日世界地球日举办，每年有超过 800 位全球富有远见、最具变革力的商业领袖、政界要员、学界权威、NGO 组织代表和主流媒体人出席。推动企业持久绿色可持续发展，鼓励企业和组织应用绿色的技术，才能确保我们的子孙后代能够快乐地生活在地球上。

阿拉善 SEE 生态协会成立于 2004 年 6 月 5 日，是由中国近百名知名企业家出资成立的环境保护组织。SEE 以推动人与自然的可持续发展为愿景，遵循生态效益、经济效益和社会效益三者统一的价值观。SEE 成立以来在民众间得到了很好的响应，众多企业踊跃参与。

我们可以看到，企业正在发生着从过去单一追求经济利润到追求社会化共赢的改变。随着公民意识的觉醒，随着劳动者权利意识的觉醒，随着社会媒体披露信息的愈加发达，看待一家企业的好与坏已经不再单纯是经济指标，一家企业如果社会责任意识不到位，那么就有可能被淘汰出局。

实际上，企业责任始终在创业者身边，企业从一诞生的时候就肩负了社会责任，企业本身就是社会的公共公司，从一开始运作的时候，就应该把社会民众、周围环境的利益诉求放到企业的运营中来综合权衡。你需要时刻关注怎么把社会责任和企业的产品和服务之间做紧密的互动，如果你的产品和服务不具有这种属性功能，甚至会有负面作用，那么，这家企业就没有未来了。

广东的一家鞋厂，因为严重超时加班、恶意拖欠工人工资，被耐克公司取消了订单；在广东的两家迪士尼授权的制造商因为恶劣的工作条件和盘剥工人，被香港的一家 NGO 组织（非政府组织）录像曝光，要求迪士尼撤销给这些“血汗工厂”的订单。

行业的竞争规则变了！企业竞争越来越遵循一个新的包含企业社会责任因素在内的竞争规则，不适应这个规则，企业可能就会被排斥在商业游戏之外。

企业是一个鲜活的统一生命体

我们在思考企业发展的时候，须把企业当成一个鲜活统一的生命体，必须全面考虑形形色色的利益相关者，包括企业的员工、外部的顾客、产业链的上下游以及政府部门等。

过去的制造企业，只把员工当成普通的打工者，到了今天，制造转身为创造，就必须让员工实现自身的价值，不仅仅是为企业创造价值，还要让企业成为员工的情感归属，帮助员工实现自己的追求与梦想。因此，在评判一家企业好坏的时候，除了看薪酬福利多少，还要看给员工创造的幸福指数高低。

在面向外部顾客的层面上，企业的产品和服务要不要做到最好？这对于任何的创业者来讲至关重要。如果做得不好，在竞争环境激烈的市场中，就不可能站稳，更不要奢望扩大规模，半死不活的企业没有未来。有些企业抱着有奶就是娘的赌徒心理，在提供产品时有意无意间钻空子，利用信息不对称，哄抬价格或者诱骗顾客，这样的企业活得了一时，活不了一世，最终必将付出代价，会被消费者骂死、被舆论唾沫淹死，中关村电子卖场的凄凉就是例证。

此外，企业还要对接产业链的上下游，是以一种敲骨破髓的姿态，还是以一种合作共赢的方式？这也是评判企业责任的一个因素。独木不成林，独丝不成线，只有上下游之间和谐发展、共同繁荣，才有可能让企业的生命持续有效地延展下去。

企业应该和政府部门之间建立良好的互动，企业积极承担起税赋的责任，不偷税、不漏税，不做损害国家的事情，同时也希望国家能够真正把税赋降下来，惠及众多企业，让企业能够在一个相对宽松而安定的环境里发展，从而推动国家的强盛和自身富有。

对于企业的思考，不能单纯是点与线，而是要基于一个面或者体的思考，这也体现了企业的社会责任的紧迫感。当你在某些环节，甚至某一个环节出了问题以后，极有可能让企业整体坍塌。在四川汶川发生地震时，万科首次捐出 200 万元，而且规定普通员工限捐 10 元，理由是避免让慈善成为负担，王石先生在新浪微博上将上述决定理直气壮地公开出来，一时之间万科被大众吐槽、鄙视到了风口浪尖，不少网民都觉得万科的做法太没责任感了，万科品牌遭遇了的严重挫伤。尽管事后王石出来道歉，万科又捐出了一个亿，但这次的限捐事件严重地损害了万科的社会形象。当然，万科和王石的初衷是好的，因为企业的社会责任需要量入为出，社会也不能通过责任来绑架企业，最终造成企业经营出现困难。根据实力来承担自己可以承担的责任，这就是企业的责任感。

经营企业是完全理性的事情，不要轻易被情绪绑架。例如市场中常会有所谓的用本国产品来抵制外货等宣传，也有挖竞争对手的负面新闻的，这些做法我们都不提倡。对企业来说，要理性地对待这样的事情，要对员工、企业未来的发展负起责任，用质量与品质赢得市场。

创业者从一开始就应该像对待公众公司一样来审视并要求自己，同时和广阔的外部世界建立关联，寻求互动和共赢，真正地倡导正向的价值理念，从而在产业的社会中把自身所肩负的那份责任与这个世界紧密结合起来，真正地担当起自己的责任。

肩负责任，争取权益

肩负责任的背后，也要积极争取正当的权益。

企业要义无反顾地承担起责任来，就像曾国藩说的那样，“天下事在局外呐喊议论总是无益，必须躬自入局，挺膺负责，乃有成事之可冀”。企业肩负责任的过程是促进整个国家发展、推动外部产业环境走向优化的过程，我们希望有更多的企业家以慈善家的身份出现在社会公众前，推动各个行业的透明清晰，推动规则的建立，促进行业标准的完善升级，催促国家走向健康、法制、理性、自由、民主、平衡。

重新审视企业的社会责任，本质上是用法制的心态要求企业，而不要让企业被所谓五花八门的税费、无所不在的赞助、吃拿卡要的“潜规则”所绑架。企业眼界要长远、胸怀要宽广，不要被眼前的利益得失所迷惑，将企业的社会责任与企业的管理行为融合起来，在社会上树立起健康、阳光、负责任的公众形象。

改变现状是企业家的一种责任，争取自己的正当权利也是一种责任，只有权利与责任相当，社会才会更加公开、公平、公正，才能呈现出一个更加和谐的生存环境，企业才能放开手脚往前走，企业与祖国才会有更好的未来，老百姓才能过上更有保障的生活。

令人欣慰的是，今天越来越多的企业把改变社会作为自己的使命，他们来自不同的领域，他们的产品服务五花八门，但都有一颗赤诚之心。

企业公民责任的多重内涵

企业要追求品牌价值的构建，并从创建之初就为品牌增值议价，提供各种品牌资产的附加，其实，品牌的坚守也是一种责任行为。

过去一讲到社会慈善或社会公益，人们就会对中国的企业家摇头，但现在已经不是了，越来越多的企业家理性地投入到社会责任的贡献中，挑起了慈善的大梁，越来越多的企业投入到中国绿公司的评选，加入到阿拉善 SEE 联盟，中国的企业家正在以一种全新的形象展现在世人面前，这就是传统意义上的企业责任在企业家群体中的延展。

责任不单纯是一种义务，它的背后还有企业家的理性精神和原则，所以我们回过后来看王石，在 2008 年汶川地震后，被人戏称为“王十块”，尽管这是民众在面对企业家责任的时候某种程度上不理性的调侃，但也让我们明白，作为一个公众人物，必须更加重视自己的社会责任感，必须勇于担当更多的社会责任。这是从创业之初就必须意识到的身份与责任，企业与创业者都要意识到身份的转变，站在社会的大舞台上考虑自己的责任、担当与义务，而这些都关乎着企业的品牌与发展。

当然，发展才是王道，对创业者与企业来说，能够将企业经营得风生水起，能够为国家的经济奉献税赋，是企业最为重要的担当。在此同时，主动承担企业的公民责任、捐资助学、济贫扶困、保护环境、改善生态、创新研发，都是企业应该努力承担的社会责任，但这绝不是一种被强制的义务。企业公民应该和个体公民一道，推动国家走向一种更加环保、更加节能、更加法制、更加自由的状态。推动社会主义核心价值观的落地：

富强、民主、文明、和谐、自由、平等、公正、法治、爱国、敬业、诚信、友善。

这不仅是一个国家的梦想，也是每一位创业者应该付出努力的方向，当你置身于民族发展的洪流之中，你的努力、你的创业，才更加有意义。

平台公司如何构建生态系统

无限风光在平台，进化为平台公司成为无数企业的梦想。

不是所有企业都适合把平台作为商业模式。平台首先意味着一种资源整合能力的系统集成，同时也意味着承担起更大的责任，尤其在商业生态系统中肩负产业进化和规则维护的艰巨任务。

马云先生是平台型企业的先行者和领军人物，他对此有清晰的认知：阿里巴巴绝不会成为商业帝国，它要成为商业生态文明中的一个非常有效的进步力量。面对平台各方合作伙伴（厂商、消费者、物流、信息流、资金流等等），抱有足够的尊重，同时坚决捍卫行业诚信、正直的价值观，决不能让劣币驱逐良币。

企业在打造平台之前，应该认真思考如下三个问题：

这个平台要干什么？这个平台会带来什么价值？这个平台应该由哪些规则保驾护航？

平台型公司首先一定要有清晰的定位，有自己的业务边界。以淘宝为例，起初淘宝不做用户群体区分，不分男女、无论老少。这样的定位，只能说是一个杂货市场。随着消费者的理性成长和选择能力提升平台在细分化、垂直化方面需要加强。淘宝网主做C2C，天猫独立出来做B2C，吸收更多品牌商加入。市场和客户细分的背后是服务能力的不断升级。

平台型公司通过聚合起更多的资源，用户可比较、可选择、可购买，享受到了充分的尊重。一个平台公司把用户的主权放在了第一位的同时，还必须考虑好如何实现商业生态系统和谐共生，追求和产业链条上的伙伴进行深层次良性互动，维护行业乃至整个商业空间的秩序，为行业和社会带来正向的力量。

平台型公司应该设置介入的门槛，对于平台上的上游或者下游客户，最起码不能越过道德底线，这是根本。同时，能够定期对客户实际的商业行为进行督导，把消费者发动起来，让他们进行监督，建立一种短、平、快的一种透明机制。重要的一点就是要提高平台上下游一些犯错的成本，如果不按照原先规定的规则来，那么将被退出，这样确保良性的经营环境。另外，平台型公司应该建立基本的一些规则，联合上下游客户，大家一起建设规则，大家一起捍卫规则，大家一起受益于规则。

消费者并非全部理性，也可能整体不理性，作为平台公司，绝不能仅仅取悦于客户，还需要理性的引导和耐心的说明。比如注水猪肉或者地沟油，消费者没有办法鉴别，这个时候，平台要勇敢站出来说“不”。同时在低价和破坏性竞争之下，很多有价值的产品和服务可能会被假冒伪劣驱逐，这个时候，平台要站在维护匠人精神角度思考问题。

当然，平台还需要与媒体监督、政府指导结合起来，捍卫职业精神和行业规则，悉心呵护匠人精神。对于消费者来说，不买假货也是让世界更美好的一部分。

企业之间有竞争，更有合作，甚至说合作在其中起着主导作用。1950年，在争夺政府订单方面竞争激烈的麦道、洛克希德等美国大飞机制造公司之间，发生了相互“租借”员工的事。输掉订单的公司向赢得订单的公司出借他们有经验的员工团队，而赢得订单的公司，则把输掉订单公司里的优秀员工租借来为己所用，洛克希德公司的报告显示，这个方法取得了广泛的收益。在日本各大企业之间，其人事部门也经常相互交流人才，他们将在本企业暂时难以发挥作用的闲置人才推荐给别的企业，而从别的企业换回自己急需的人才。

现在社会的竞争绝不是将竞争对手赶尽杀绝，而是巧妙维持均势，直面竞争的同时也鼓励合作，共同推动行业的进步升级，要知道现在的跨界打劫无时不在，真正的竞争对手并不是那么显而易见，往往不是你所熟谙的那几个。

我们今天所有的行业都面临一个问题：未来的十年，是一个海盗嘉年华，你不跨界，就有人跨界打劫你。最近听到最震撼的一句话是，中国移动说，搞了这么多年，和网通、联通争个你死我活，最后才发现，原来腾讯才是我们的竞争对手，微信免费，收了十几年的通信费和短信费的运营商大惊失色。阿里巴巴的支付宝刚刚推出来的时候，没有哪个银行感觉到了威胁，不就是个电商卖货的第三方小额支付工具吗？没什么了不起！从支付宝演化到余额宝，银行的存款余额节节降低，银行的脸慢慢变绿了。这种跨界的竞争，你感受到了吗？我们无法拒绝这样一个跨界打劫的时代，我们还要积极去拥抱它。一定要有跨界思维，要防止被打劫，唯一的方法就是跨界打劫别人，不断创新，不断超越，甚至自我革命，获得不断地成长的动力，否则就会被别人打劫，就会走向死亡。

我们今天面临着高强度的竞争，或者说全球范围竞争，已经不单纯是过去意义上产品和服务的竞争，而是整个生态格局的竞争，甚至演变成了某种生态文明的竞争。可以说，打造一个国家的整体品牌，打造一个行业的品牌，背后实际上是构建起一种非常有价值的商业生态系统的观念，构建起商业伦理和新的商业文明，形成大家整体合力、共同打造中国产品和服务品牌。

中国的很多产品在全球具有很好的竞争优势，但是因为中国制造整体品牌力有限，这些产品在全球舞台上还被“不公正”的对待，原因在于我们的整体合力没有形成。我们今天面临这种竞争的时候，已经不单纯是一种单一的竞争，而是系统的、多层次的立体竞争。

企业公民责任的维度

就大环境来说，企业营销或许会经历从强调经济效益转变为强调社会效益的过程。我们倡导企业履行义务、担当责任，因此，企业需要对其责任有一个深入的认知。

从一个更完整更宽泛的意义上来讲，企业的公民责任包含下面几个维度:

第一个维度可以从相关利益方的角度来看，就是如何和利益相关方形成共赢的机制。从企业刚开始创建的时候，就要形成这样一种思维，构建这样一种能量，同时和内部的员工之间形成紧密而有效的伙伴关系。今天，企业和员工之间的关系已经不是简单的雇佣关系了，企业需要承担的责任更加宽泛，企业家要承担起构建一个幸福的社会化组织的责任。

第二个维度是看待企业公民的角度。今天的企业可以正大光明地追求自己的权力和利益。一方面，企业家做到常规意义上所说的承担扶贫济困、照常纳税、维护股东权益、创建幸福组织等责任；另一方面，企业家可以承担起更大的社会责任，为国家发展和民族复兴事业贡献更大的力量。

当然，中国作为一个发展中国家，很多企业也还在发展的路上，我们对企业家不能有过多的苛责。一个人承担责任的能力与他本身的能力、视野、格局等是正相关的，当企业足够强大时，企业就会树立起全面的责任意识。

把企业放到一个正常的、理性的、向上的公共关系环境中，将有助于企业在未来的竞争格局中处于有利的地势，有助于企业作为公众公司来真正地释放公司的价值，完成它的使命，不让企业成为自家的私企，而是成为社会价值的载体。

今天我们提及社会责任，希望企业家能够有一种精神、一种意识，实现和社会不同的利益相关群体的和谐共赢，这是我们今天探讨责任的核心目的所在。

第十六章

公共关系关：不能忽略的社会关系

每一个人都是公关的主角

互联网迅猛发展，中国的社会大环境正经历着大变革。连接更加具有便利性，使得任何一个小的事件都可以通过网络传播瞬间获得极大的关注，这种传播对公司来讲，有可能是好事，也有可能是坏事。所以，公共关系关是我们从开始创业就要把握好的一柄双刃剑。对于创业的企业来讲，如果是坏事，可能意味着万劫不复。

当年陈冠希的视频流出来以后，在网络上传播，瞬间点燃网络，引来一片哗然，后续的危机公关已经无可奈何了，陈冠希只得退出香港影视圈。在今天这样的网络化传播时代，任何的企业和个人都已经成为了公关的主体，公共关系的建立已经不再是过去我们看到的高大上的代言人，我们每一个人都有可能成为公众事件中的主角。

因为每个人、每家企业都可能是社会公共关系的主体，都无法置身事外，不能指望关起门来做好自己的事就行了，所以，这两年来公关成为政府和很多企业部门密切关注的课题，专门请来专家就危机公关等课程对高管进行系统培训，努力让企业建立自己良好的公共形象，规避负面危机事件。

在今天的时代中，只有公共系统处理得恰到好处，企业才能融入到社会的大环境中，才能更好、更强地生存、发展、壮大。创业企业要适时、有效地把握住身边的机会，让自己成为公关的主角，有时候会出其不意，获得难以想象的关注度。举一个小小的例子，相信很多的创业企业都能从中获得相当的灵感。范冰冰和李晨相恋的消息以“我们！”为主题横扫网络，范冰冰的微博发出 9 分钟后，杜蕾斯借力发出自己的公关文案；20 分钟后，杰士邦文案腾空而起；紧接着，冈本、高洁丝也闻风而动，这些企业公关人员的灵敏嗅觉让这些企业的品牌与自己粉丝形成了有效互动，吸引了大量的关注。

一记漂亮的借力打力的公关战！这都是有效利用公关的高手，体现了企业真正的公关能力，懂得借助公共事件实现营销和品牌建设的目的。

建立一支强大的公关团队

公关体现了企业对社会资源得利用，尤其在当今眼球经济的时代，企业能否通过有效的公关行为获得更有效的关注，从而争取到更多的支持和资源，这已经成为所有企业家关注的焦点。

众多的企业开始把自身打造成具有媒体属性的企业品牌，这背后体现的就是驾驭公关的能力，通过公关和社会进行广泛连接，早期企业公关关系的建立还是通过传统的手法来实现，比如某家企业出现负面新闻，可以通过影响、干预的方法消除负面效应，但是在今天互联网时代，这些手法已经远远不够用了，因为很小的事件就能顷刻引爆网络，不是我们所能控制的。

福耀玻璃老总当年的爱情故事、李亚鹏和王菲的情感纠葛、汪峰是否能上头条，这些花边新闻都已成为老百姓茶余饭后的谈资，成为社会公共关系的一部分。每一个人都成为了社会公共关系中的一分子，如果你所处的这一环成为曝光出来的新闻点，那么就可能被无所不能的网络推向大众的视野，推向大家共同关注的焦点。所以，对于企业来讲，建立一支基于企业危机、基于公共关系、基于品牌构建的公关团队很有必要。

“罗辑思维”的玩法其实就是重新调整了公共关系，通过媒体运作进行各种巧妙的玩法，打破了原有的思维和格局进行传播和控制，而这种传播和控制本身就具有很大的势能，带来了公共关系的聚焦。无论是微软、谷歌，还是阿里、海尔、联想、华为等大公司，都必须要有一支强大的公关团队与外部进行着紧密的合作，这是企业发展的必由之选，创业团队亦应如此。

处理危机时企业要主动成为消息源

处理危机有一个定律，不要试图改变事件本身，但你可以改变人们对事件的看法。

危机出现时企业一定要成为主动的消息来源，同时，企业能一步到位，给出解决方案，那就最好。

当危机来临时，首先就要稳定企业内部的信心，第一时间向内部员工通报情况，内部的稳定是企业处理危机最基础也是最关键的一环！危机处理的时候需要面对诸如政府、公众、媒体、经销商、消费者等各个方面的压力，如果企业内部员工人心散了，并成为小道消息的源头，那危机就由表入里了。就等于战斗的大后方没有了，这样的战斗不可能有胜算。在稳定内部的基础上，企业要迅速形成统一的危机管理预案，要做到快速反应不回避，及时表明立场、引导视听，进而和外部进行广泛沟通，获取支持。

快速反应并及时对危机进行干预，只是危机管理的第一步。主动牵引危机舆论的关注点，危机有危险同时也是机会，让危机处理为企业品牌宣传所用才是企业成熟的表现。亡羊补牢，为时不晚，危机解除后，就要进行深刻的反思，避免同类的事件再次发生，要在潜伏的危机爆发之前将其化解。真正的高手之道，那就是利用“危机”，借力打力，让“危机”公关为我所用。某品牌食品，一直宣称不含某种添加剂。而其竞争对手突然发难，指责其产品中检测出含有某种添加剂，引起了一场轩然大波。该品牌借势申请第三方权威机构对部分同类产品进行检验，结果发现，唯有该产品含有的这种添加剂最少，远远低于行业标准，而原先指责的竞争对手的产品中添加剂严重超标。检测报告公开后，竞争对手的产品信誉遭遇了毁灭性的打击，而自身安然无恙，并赢得了客户的赞誉。

著名企业危机管理专家游昌乔先生就危机公关总结出的5S原则，值得参考。

速度第一原则：能否首先控制住事态，使其不扩大、不升级、不蔓延，是处理危机的关键；

系统运行原则：在逃避一种危险时，不要忽视另一种危险。在进行危机管理时必须系统运作，绝不可顾此失彼。

承担责任原则：公众会关心两方面的问题，即利益的问题和感情的问题。因此企业绝对不能选择对抗，态度至关重要。

真诚沟通原则：企业处于危机漩涡中时，是公众和媒介的焦点。你的一举一动都将接受质疑，因此千万不要有侥幸心理，企图蒙混过关。而应该主动与新闻媒介联系，尽快与公众沟通，说明事实真相，促使双方互相理解，消除疑虑与不安。

权威证实原则：在危机发生后，企业不要自己整天拿着高音喇叭叫冤，而要曲线救国，请重量级的第三者在前台说话，使消费者解除对自己的警戒心理，重获他们的信任。

公关的基础是互相尊重，坦诚合作

公关的背后是对利益合作方的尊重，建立在科学规范的基础上，大家寻求的是合作和分享，尤其是危机时刻，公关需要信息披露，需要坦诚合作。

企业需要吸取教训，在进行信息披露、与民众之间进行互动交流的时候，一定不能抱着傲慢的姿态，而要真正地站在消费者的角度来思考和解决问题，避免事态进一步恶化。

2010年企业危机事件，不能不提到腾讯和奇虎360为了各自的利益，展开的前所未有的互联网之战。

9月27日，360安全卫士推出个人隐私保护工具——360隐私保护器，目标直接瞄准QQ软件，360与腾讯在客户端领域再起冲突。

10月14日，腾讯正式起诉360不正当竞争，360提起反诉。

10月27日晚间，腾讯通过弹窗的方式，联合百度等网站发表声明，指责360不正当竞争，并号召同业不与360发生任何形式的商业往来，360随之通过弹窗形式反击，掀起两家弹窗大战。

11月3日，腾讯与360之战爆发最新冲突，腾讯发布装有360的电脑将停止运行QQ的公开信后，360表示将保证和QQ同时正常使用，腾讯方暂停WebQQ使用，360下线了扣扣保镖。

这是中国互联网史上影响人数最多的一次热点事件。直到11月7日，腾讯与360同时发表声明：在工信部的调解下，双方决定休战，握手言好。至此，一场惊动中国、震动4亿网民的“鹅虎”之战终于告一段落。

这一次“鹅虎”之争，对双方的伤害可想而知，特别是QQ的品牌影响更是受到了前所未有的挑战，当QQ宣布要停止运行装有360的电脑后，网友们群情激愤，幸而这场战争得到了快速的解决。

而农夫山泉则做了一次成功的危机公关的示范。“水源门”事件一出，农夫山泉立马组织了“探寻水源之旅”的公关活动，邀请上百家媒体以及5000名参观者，走进农夫山泉的众多水源地，农夫山泉的高标准、高质量和天然优质水源给参观者留下了深刻印象，在业界引起了广泛关注，农夫山泉打了一记漂亮的翻身仗。

公关理念体系的背后，是建立起一种合作共赢分享的关系，是企业充分和外部广阔的社会资源建立连接，并把资源为我所用，同时充分地把自身的价值向外部传递，公关、品牌和文化密不可分，通过积极地干预，促动公共关系的建立，使得企业和外部环境之间形成良好的对接，和谐的互动，体现品牌的巨大价值。

一直为人们所津津乐道的危机事件处理莫过于潘石屹的现代城。几年前，许多客户在大规模入住现代城的时候，投诉屋子里有一股尿的味道。开发商经过仔细调查，才发现是施工方在冬季施工时在水泥里放了一种添加剂，在夏天时释放出氨气，产生尿味。最初购房的 100 多家客户体要求开发商给予一个完美的解决方案。潘石屹想了一个办法，就是无理由退房，任何一个人买了现代城的业主想退房，开发商连本带息再加 10% 的回报全部退给客户。潘石屹举行了新闻发布会，主动向新闻界解释问题何在，并且给业主们写了一封道歉信，在几家主要媒体上刊登，最终平息了众怒。经此一事，现代城的名声大噪，潘石屹的“连本带息再加 10% 无理由退房”的做法在社会上引起了很大的轰动，一拨又一拨的客户拥向现代城，一场原本重大的销售危机就这样转变成了商业机会。

这个世界并非只靠强势生存，实际上，不论国与国还是人与人之间，都是既有竞争也有合作，利益关系错综复杂。如果你总是从单一维度藐视竞争对手强力推行强人哲学，朋友就会很少。企业很难事事都利益最大化。

我们今天要仔细思考的问题，就是围绕公关的基础原则和架构去做想做的事情，实现自己的目标。对于所有走在创业路上的人来讲，都要为建立一种健康和谐的公共关系而努力，通过有效的、有意思的玩法把资源做良性的嫁接。

现在的公关高手，对外发言已经不再是过去那种硬邦邦的、单方面的发声了。今天，我们更强调的是与外部共融、互动、统一，对于公关本身来讲，它既可以借助名人效应来助推品牌，也可以通过企业家自身形象的打造，向外部传递一种健康的和谐的社会形象，比如，陈欧为自己代言，董明珠为格力“中国制造”代言。温和、友善的企业形象更能打动人心。

如果说，企业的社会责任强调站在企业所要承担的义务的角度来切入的话，那么公关则更强调把企业纳入其所在环境中并强调合作共赢，从这样的角度来思考问题。公关强调的是企业的一种主动意识，主动对外部环境进行呼应、干预和协同的过程，有助于企业和相关方建立良好关系。而且很多公关事件本身又成为经典的品牌传播故事，有时看似危机四伏，但却隐藏柳暗花明，这正是公关的妙趣所在。

第十七章

执行力关：正确地做好事

执行力是硬道理

很多人在创业的过程中走向失败，最为重要的原因恐怕就是执行力不足。

有一本书叫《从0到1》，它阐述的道理就是，如果你没有迈开从零到一这实质性的一步，那么你的目标将遥不可及，很多人梦想创业，也曾思虑万千，但却始终没有迈开实质性的一步，这就是创业者失败的重要原因。

在今天大的创业环境背景下，形形色色的人出来创业，形形色色的项目涌现出来，当然也有形形色色的投资人，大家共同关注的一个最核心的点是什么呢？那就是执行力。

如果说团队、商业模式是创业的必备条件，那么执行力就是创业的核心纽带；或者说，如果企业是一辆汽车，执行力就是汽车的发动机，没有强有力的执行力，梦想最终不了了之。

当然，执行力并不是简单地做事，而是要做正确的事和正确地做事。做正确的事，毋庸置疑就是要选择正确的方向，前面从战略、市场定位已经讲过了。我们应该深入思考的是，如何正确地做事，并把事情做好。

如何才能保障执行力？如何才能确保正确地做事呢？可以围绕重要和紧急这两个纬度来处理。重要而又紧急的事情，马上行动；重要不紧急的事情，优先处理；不重要不紧急的事情，就可以按部就班去做了。

刚开始创业时，不一定每个人都有非常充沛的资源，很多事情创业者无法轻松把握，那么，创业者在执行上一定要稳扎稳打同时又有崭露锋芒的狠劲，用执行力来弥补资源的欠缺，如此才有崭露头角的机会。

你有了商业模式，建立了团队，团队是否具有执行力，是决定创业能否走向成功的一个核心要素。投资人对于创业团队执行力的关注不亚于商业模式和团队。创业者的执行能力要是得不到提升与改善，很难拿到投资，即使拿到投资，也会轻易被投资方夺走管理权。

沃尔玛公司为了打造执行力设立的原则值得借鉴。

首先是“日落”原则：就是今日的工作必须在日落之前完成，对于顾客的服务要求必须当天予以满足，日清日结，决不延迟。

其次是“比满意更满意”原则：即要向每一位顾客提供比满意更满意的服务，一项服务做到让顾客满意还不够，还应努力想方设法加以改进，以期提供比满意更好的服务。

最后是“十步服务”原则：就是沃尔玛公司要求员工无论何时，只要顾客出现在你十步距离范围内，员工必须看着顾客的眼睛，主动打招呼。

撇开融资这个维度不讲，单从事业运作的维度来讲，执行力也是非常重要的，我过去讲过一门课程，叫《执行力才是硬道理》，讲的就是在企业的运转中，如何打造企业的执行力，这对于企业的运转、品牌的运作、市场的认可等方方面面，都至关重要。

抓住最核心的工作

如果一个企业的核心团队没有执行力，基本上可以断定这个企业已经没有未来了。

企业的创始人和企业的核心团队一定要不断思考：企业当前最需要最重要最紧急的核心工作是什么？融资、团队构建、产品研发、还是品牌拓展？想明白以后就要紧紧围绕着核心工作做文章，集中注意力实现事业的快速切割，做好核心工作。反之，如果对当下的工作没有一个清醒的认知和判断，就很难把事情做好。

首先要学会把复杂的经验简单化、规范化。全聚德与肯德基都生产食品，全聚德依靠技术高超的人，而人的表现有许多不确定的因素，影响了产品的质量稳定，更使规模经营受到很大限制。肯德基将人的经验转化为可测量易控制的工艺程序，并使之机械化，那么，由机器所生产出的产品，质量是易控的，为大规模经营提供了前提条件。如何成功地把经验转变为程序，这是企业管理要解决的一个重要问题。

经验是什么？经验是一组行为的过程，如果正确分析这些行为过程，就可以把复杂的经验变为易控的程序，即行为分析法。那么这种分析法根据什么样的标准呢？英国的“胡斯维特（Huthwait）研究中心”推出过五项行为分析的准则：

1. 能够被精确度量；

2. 容易理解；

3. 与其他行为类别不同；

4. 人们能改变所使用的行为类别的时间长短；

5. 能够与完成任务的效用相关联。

我国体育科研机构将冠军运动员的动作录像通过电脑分析，将连续复杂的动作分解为简单的多个步骤，研究后整理出简明的可参照度量的训练程序，然后指导运动员按照这样的程序要求去训练，结果成绩提高很快，在国际大赛上屡次夺得金牌。在这里，成功运动员的经验是一组行为，是复杂的，难以传授的，而通过行为分析的手法，不仅揭开了成功运动员成功的秘密，并且将这些经验变成了可保留、复制、提高的程序。这种方法无疑可以用于企业管理。

另外就是做好时间管理。有些创业者总觉得自己每天忙忙碌碌，基本上都是凌晨两点以后才睡觉，又很早起床继续做事，却还是很难成功。如果我们对他每天的工作进行仔细地分析，发现他做的事大部分是无用功，这就是一个很大的悲剧。记得当年乔布斯回归苹果后做了一件事情，他画了一个象限，他把重要而紧急的事情一次列举出来，把产品分为工业级电脑和普通人用的电脑，围绕这些将对应的人群做一个切割，这样一来，就能清晰地看出面对不同的人群应该配备什么样的资源，正是因为抓住了核心，乔布斯带领着苹果走向了新的辉煌。

所以，我们要懂得运用有限的时间，抓住最核心的工作。我建议创业者要养成每天记日志的习惯，把每天的工作状态做一个系统的梳理和总结，这样有助于对每一天的工作执行情况有一个严谨清晰的研判，也有助于深入思考创业过程中所走的路径、所付出的努力以及所得到的成果之间的关系，形成执行力的严谨闭合程序，争取做到每件事都有目标、有责任人、有时间节点、有完整的考核评估、相关激励的措施等。

创业刚开始的时候，人员有限、资源有限、资金更有限，这种情况下，更要集中精力，做重要而且紧急的事情，把责任分解进一步明确化，只有这样，大家各自清楚自己的具体任务，最后的考核才能简单明确，整个团队的执行力才能得以保障。反之，有一些创业者虽然聚拢了一批人，看起来每天忙忙碌碌，但做的都是东谈西聊之事，没有一件落在实处，最后的结果可想而知。

有些老板经常每天被员工包围，有请示汇报工作的、有借款报销的、有要求加工资的、有投诉建议的等等，一天下来，忙得头昏脑涨。在我看来，这说明内部的流程还是以老板为核心，没有做好授权。就技巧而言，可以将一部分时间设定为“勿打扰时段”。如果你的办公室有一扇门，方法就很简单了，把门锁上，拉下百叶窗，关掉内线电话。如果你没有自己独立的隐私空间，不妨找一间空闲的会议室里，让其他人很难发现你，甚至不妨关掉手机 到公司附近找一间安静的咖啡馆办公。

创业期企业难免要面临各式各样的会议。开会效率也是一件非常重要的事情。日本著名学者斋藤孝的《会议革命》一书提出以下评量表：

出现下述的任何一种情况，就足以证明您参加的会议效率与品质有待改善。如果不幸打钩的格子超过一半，恐怕您所属企业或团体的开会文化已经病人膏肓，非进行大手术不可。

1. 是否有与会者分心（在桌上涂鸦或者打瞌睡）；

2. 会场中有人不提建议，却一再批判别人的点子，做负面评论；

3. 出现一个人废话连篇而其他人意兴阑珊的情况；

4. 会议结束后才突然想到：今天的开会结论是什么？

5. 明明参考信息都已完备，会议主席却不做结论，而决定下次再讨论；

6. 会场中有人还不知道开会目的；

7. 会开了半天，既无结论，也没人提出新点子；

8. 与会人数太多，根本无法讨论事情；

9. 发言品质太差，没有理性讨论，只能比谁大声；

10. 采取类似“宫中御前会议”作法，职位愈高的人座位愈靠近主席；

11. 没有事先做摘要也没有提供白板，讨论变成泛泛空谈；

12. 有一种“还没开会就先有结论”的感觉；

13. 只要用 E-mail 就可完成报告与确认的工作，却大费周章召集许多人一起开会；

14. 报告与资料说明耗时太久，讨论重要事项的时间明显不足。

安静地思考比盲目地行动更重要。抓住最核心的工作全力以赴，效果自然事半功倍。

建设职业化队伍

拥有一支职业化队伍有利于企业竞争力的提升，拥有高度职业化的队伍，是企业赢得竞争的关键。

培养职业化员工队伍的前提是公司实现职业化，就是按现代企业的标准建设好公司，建立科学规范的治理结构，建立完善有效的管理制度，构建优秀的企业文化，明确公司的任务和使命，主动承担公司的社会责任等。职业化员工就是了解公司的使命和目标，明确自己的岗位和职责，能够自觉自愿全身心投入工作，不断改进工作方法、提高业绩的员工。

对企业来说要实现职业化，不仅领导层要职业化，而且要实现全员职业化，企业必须通过各种切实有效的奖惩措施和针对个人的完整的培养计划来实现职业化，职业资质可以通过培训获得，而职业意识和职业道德却需要良好的社会环境和体制环境，不是一朝一夕所能培养的。

我们可以看看西点军校对学生要求的标准：准时、严格、正直、刚毅。这些都是任何一家优秀企业对其领导者要求的最基本的素质，也是最值得面向员工挖掘或培养的素质。相比较而言，商学院却更多地教给学生商业知识和经验，而相对缺乏对个人最基本的人文素质的培养，这也正是马云对MBA 教育培养职业经理人团队的顾虑所在。

围绕职业化的进阶，可以从初级做起，职业化可以体现在员工的衣着、礼仪之类的细节上。完备的现代职业礼仪，能充分尊重他人和顾客，仪表优雅大方，行为举止规范，谈吐健康得体，能清晰地展现职业身份，简而言之，职业化就是让你的衣着、礼仪看起来像是干这一行的，而不是让顾客感觉到风马牛不相及。麦当劳的服务人员和平安保险的经纪人员显然有所区别，你有没有你这一行所要求的基本素质，往往从你的装扮上就能被一眼看出来。

行为方式的职业化是跨国公司、大型国企一贯倡导的方向和原则，规范化的职业行为几乎涵盖了职场的各个角落。言行举止符合身份，有效管理自我情绪，善于与他人沟通，懂得换位思考和赞扬他人等等都是职业化员工应该体现出的职业素养。员工的言行和工作态度不仅代表个人的形象，更重要的是代表企业的形象。有了统一的行为准则和思维方式，可使大家在向同一目标前进时的沟通和协作更有效率。

职业精神应体现在点点滴滴，体现在日常的工作中，应该成为一种习惯，要融进骨子里去。如果每个人都能以高度责任感对待自己的工作，那将是对社会的最大贡献。

一个健康向上的公司最好的体现是员工在努力工作时得到乐趣，不用强迫，也无须监督，员工的主动、自觉和热情投入是最好的秩序。职业化引导人们形成务实的职业态度，包括勤奋工作、业务熟练、忠于职守、爱岗敬业，诚实守信、公平公正，顾全大局、谦虚谨慎、认真专注，有职业信誉，并能够积极进行自我开发，不断提高职业能力。

企业推动职业化管理，培养职业化队伍的关键最终要落实到人、落实到具体的岗位上。这就意味着企业的职业岗位可以公开竞选，人员是流动着的，不受关系左右，能者上、庸者下。要达到这种职业化程度，需要一种体制、一种机制、一种管理的平台来支撑。

衡量职业化的最好指标是工作绩效。一个有完整体系和成熟管理制度的公司，事实上就是在通过绩效考核、通过培训等环节提升员工的能力，从而培育出自己的职业化员工队伍。

围绕细节去深挖

“魔鬼在细节”(Devils in the details) 是一句很深刻、并具震撼力的英文成语。细节中透现出来的就是你的敬业与负责任的程度，就是你工作的态度。对细节的重视程度就是企业基础管理技术高低的最务实的反映。

有一次听一位专家讲课，向学员提出这样一个问题：“假设你是世界上一家比较有名的针织品公司负责生产的主管，有一天，生产出了一批袜子，但是袜子上有一些脏的痕迹，一共有 20 箱，这批袜子要你来处理，请问你如何处理？”学员给出了各种不同的处理方式，如像海尔“砸冰箱”的方式，销毁袜子，利用这样一次机会来提升企业的形象；进行展览陈列，做一种反面的教材，就像华为一样，把一些做坏的电路板做展览陈列，给员工以警示；想办法到市场上找到想要买处理品的人，打折卖掉它；将错就错，干脆在有脏点的袜子上绣花，来盖住脏点等等。听完这些答案后，你有什么感觉？如果你作为管理者，你有没有思考过“为什么会出现这样的脏袜子？”调查结论或许会有以下几个原因：操作工人的个人卫生没有保持好，手脏；编织的机器清洁工作没有做好，比较脏；仓库环境差，造成原料污染；原料脏，进货时没有检控措施等。操作工人上岗前要个人卫生要搞好，仅仅把手洗干净就可以吗？把机器擦拭干净，多长时间擦拭一次？擦拭的标准如何？把仓库打扫一下，打扫的周期多少？进原料要检查？怎么检查？抽样检查采用什么标准？等等，一批袜子牵扯出一系列的细节问题。管理就是把细节量化，这些细节问题调查研究清楚了，展现出来的就是系统化的工作流程、规章制度和作业标准。

很多企业家都是细节管理的高手。台塑的王永庆在管理当中有一招，就是有名的午餐汇报会。所谓午餐汇报会，就是每天中午吃午饭的时候，企业的中层管理干部以上，都聚集到会议室一起吃饭，王永庆必来，也同样的饭。王永庆的午餐会可不是山南海北闲聊聊天，他会突然点名某个中层管理人员，向他问一个问题，就是他主管这一块的问题。他要不研究明白，让王永庆这么一问，再深入地问下去，没几下就给问倒了。这种方式，逼得台塑企业这些中层管理者一个个兢兢业业深入了解研究自己管的这块或者这条线的实际状况和问题，以免被老板问住。主管人员为应付这个“午餐汇报会”，每周工作时间不少于 70 小时，他们必须对自己所管辖部门的大事小事了然于胸，对出现的问题作过真正的分析研究，才能够过关。

“魔鬼”隐藏在细节中，警惕细节中的“魔鬼”，细节就能造就天使。

打造强势的执行力团队

创业的最好状态就是能带领一个有执行力的团队勇往直前。

美国报纸上曾刊载一篇访问越战一位青年步兵上尉的报道。记者问："在战场混乱的情况下，你如何指挥你的部属？"那位青年步兵上尉回答说："我是本地区唯一的负责人。如果我的部属陷入丛林乱阵中，而不知道该怎么行动时，我也因为距离太远无法告诉他们。我的任务是，训练他们知道在这种情形之下，应该如何行动，至于实际上如何行动，应由他们根据情况加以判断。责任总是由我来扛，但是行动的决策则由在战场上的各人自己决定。"在游击战场上，每一个人都是"管理者"；而在企业运营中，每一名员工也都是自己的管理者。

创业团队中需要的不见得个个是能力超群的牛人，而应该强调团队成员的执行力。这些人心无旁骛，让做什么就做什么，不单能干，还能干好，果真如此，没有不成功的。

稻盛和夫坚持在公司不用聪明人，不用一流大学毕业的学生，更不用有资深背景的人。在他看来，这些通常让人们引以为傲的东西，恰恰是专注做事的障碍，如果不能调动全身的感觉和能量潜身于细节之中，就不会有持久的热情和到位的思维。他一再强调："我希望人们铭记这个'神秘预言'，人生与心意一致，强烈的意念将以一定的现象表现出来。"

还有一个故事很有意思。华为一名新员工，到华为工作没多久，就针对华为公司的经营战略问题，写了一封"万言书"给任正非，这是个人小聪明在作祟，以为通过这种投机取巧的方法可以获得高层重视，从而一鸣惊人。没想到任正非批复："此人如果有精神病，建议送医院治疗；如果没病，建议辞退。"

所以说，与其追求完美的超人团队，不如深入研究企业的执行力，如果在现有的资源半径中，要做的事情靠现有的人就能做起来，有一个执行力高效的团队，那就不必再耗费大量的精力找所谓的合伙人。

面对当今的创业环境，有些60后、70后，甚至80后的创业伙伴未必那么靠谱，他们可能脚踩数只船，各自有无限多的想法，这些人加入到合伙团队中，如果他们的执行力是有限的，或者说投入的资源、时间、精力是有限的，那这样的创业伙伴不要也罢。

创业的过程中，要坚定不移地把执行力落实到位。

国际管理顾问大师弗尼斯经过十五年研究，查访了两万五千名经理的亲身经历，最后得出了员工不按要求做事的16个原因。这16个原因分别是：

1. 员工不知道为什么这是他们应该做的；

2. 员工不知道怎么做；

3. 员工不明白让他们做什么；

4. 员工认为你的方法无效；

5. 员工认为他们的方法更好；

6. 员工认为其他的事更重要；

7. 员工认为做了此事没有正面结果；

8. 员工认为他们正在按你的指令做事；

9. 员工无功却受禄；

10. 员工按指令做事反而有负面效果；

11. 员工担心做此事给自己带来负面效果；

12. 对员工来说做得不好没有实质的负面结果；

13. 员工遇到了超出他们控制范围的障碍；

14. 员工个人限制阻碍正常工作；

15. 员工的私人问题；

16. 指令没人能实现。

讲到执行力的时候，我们经常会提到一个工具叫“PDCA循环”，是美国人戴明提出来的，在美国没有起到很好的效果，但是他把这套东西拿到日本以后，获得了日本的高度认可，他本人也在日本得到了极高的荣誉，戴明环就是那个时代的产物。“PDCA 循环”的本质是把计划（P）、执行（D）、检查(C)、处理(A)四者结合起来，形成一个螺旋式上升的闭环，这对于打造企业内部执行力非常重要。

创业者应该围绕自己的时间节点进行有序管理，抓住重要而紧急的事，做好每一件事，打造具有高效能的团队，这会比整合一堆所谓的合伙人品足论道要有效得多。通过“PDCA 循环”对自己的时间精力进行有效的管理，不断地做好日志，就能有效地促进推动执行文化的建设。有了执行文化，外部就可以获得良好的利润，使品牌影响力逐步提升，而内部就能建立起管理的规范，同时在这个过程中，慢慢地形成竞争优势，企业发展因此将会逐渐稳健起来。

人不是机器，需要休息和其他的满足，人的表现必然有起有伏。要尊重员工的意见，要给员工足够的表达话语的空间。对人的需求和特性的理解，是职业化管理的基础。一个管理者对此要有一个充分的理解和接受，并且在管理中不断引领员工走向职业化。

有效的管理者，通常总有他自己的一套与众不同的管理方式。这套方式，第一步是列出对某人过去职务和责任职务所期望的贡献，再把某人的实际绩效记录与这项期望贡献对照，然后检讨下面的几个问题：哪方面的工作他确实做得很好？因此，哪方面的工作他可能会做得更好？为了充分发挥他的长处，他还应该再学习或获得哪些知识？如果我有个儿子或女儿，我愿意让我的子女在他的指导下工作吗？如果愿意，理由是什么？如果不愿意，理由是什么？

最后一句话：多尝试，少唠叨。这样就能培养出职业化的员工了。

第十八章

控制力关：失控意味着创业的完败

控制力决定着企业未来的走向

如何通过构建执行力体系，真正地把事业做起来至关重要，而与执行力同等重要的另一个因素是控制力。

在当今资本、产业和管理共舞的时代中，如何有效地获得控制力，是一个重要的命题，以现在走正常的投融资渠道获得风投的支持，然后走向市场获得进一步延展的商业模式而言，要想真正保有对企业的完整控制权，就真的需要创业者多动脑子想一想。

点击科技的王志东曾是新浪的创始人，但是后来竟被扫地出门，前面也讲到乔布斯当年和他的朋友一起创办了苹果，但是中途也被苹果扫地出门，透过这些案例，我们看到控制力的重要性，这也是研究管理企业的一个重点课题，企业的控制力决定了企业未来的走向。当资本介入后，尤其是投资占有较大股权比重，公司发展就不再以创始人意志为转移了。

大量企业的创始团队随着外部融资的轮次增加，必然削弱创始管理团队的股权控制力，作为掌握企业发展的创始人团队企图通过创新公司的治理结构，来一定程度上对抗公司法中“资本多数决”的基本原则，从而实现创始管理团队对公司的控制权。主要有如下几点措施：

第一点在股份层面上牢牢占据高点。什么概念呢？也就是我们在进行企业股份释放的过程中，争取释放的份额越少越好，或者说在释放股份的过程中能够争取到同盟军，争取把投票权牢牢锁定在自己的身边。

第二点就是保持创始团队的执行力。对于创始团队来讲，对商业模式理解得比较清晰，团队的作战能力、盈利能力强，你就得高分了，投资人没有理由把这样的团队扫地出门。

第三点就是当你的商业模式、盈利模式并不是那么特别清晰乐观的时候，或者团队也不是那么特别好的时候，创业者要更多频次和投资人进行紧密深入的沟通和互动。

当然，也有很多的创业者对企业的控制力看得不是那么重要，这是因为创业者通常有两类情况：

一类是把创业的项目当成猪，创业者的想法是把猪喂肥了以后把它卖掉，获得了资金的收益后就退出。我们看到很多企业做得很好，然后卖给阿里、腾讯、百度这样的大公司，在当今资本更加活跃的空间中，这是极有可能的，很多企业具有了一点点竞争力，就可能被别人并购，这种并购可能会成为大鱼眼中的小鱼，小鱼眼中的虾米，比如说有些上市公司，会并购已经上新三板的企业，完成企业布局的完善。有些新三板的企业，也可以并购那些非功能公司，实现自身商业模式和业务的延展，这些都是企业发展中的探索。

另外一类是把企业当成自己的儿子，希望带领企业沿着自己的梦想进一步打造，这就面临着企业控制力的问题了，当年王志东惜别他所创办的新浪以后，新浪又经受了几轮考验，其中有一轮考验非常有意思，就是唐骏在盛大期间想要把新浪拿下，但是新浪快速地启动了内部的毒丸计划，使得并购行为没有成功，新浪沿着自己的路继续前行。

企业的控制权从来都是一件敏感而事关企业发展方向的大问题，谁掌握了企业的控制权，谁就拥有了把握企业发展方向的话语权。

牢牢把握住企业的控制权

对于企业控制权的争夺就像一出宫心计，为了牢牢把握自己的控制权，各种方法五花八门。其实，即便股权并不占据优势，通过制度设计也可以控制公司管理和运营。京东的刘强东，从他个人持有的股票数量上来讲，他未必是最大控制人，然而，京东的股票设有 AB 权，投票权设置上有了差别，在股份收益层面上，大家等股等权，但是在投票权层面，刘强东对京东有绝对的控制。比如像阿里巴巴合伙人机制的构建，大家把投票权悉数归集给马云，这样就能保证企业的创始人在管理过程中处于绝对的权威位置，从而确保企业能够一如往昔的发展。比如雷军，他在运作小米的过程中，股权绝大部分都掌握在自己的手里，没有稀释掉股权，当然企业的控制权也就完全掌握在自己的手里。

回过头看阿里巴巴，马云所持有股票的份额并不太高，7% 多一点，他能够牢牢控制企业，除了大家把投票权交给他以外，还有一个非常重要的原因，就是马云自身形成了独有的品牌价值。这是非常独到的优势，正因为他具有的这种优势使得他能够在阿里巴巴的整个运营过程中形成了优势，极大地便利了马云和投资人谈判，无论是孙正义，还是雅虎酋长杨致远，都极其看重马云的个人品牌价值。

另外，通过内部股权结构的设计，通过发行无表决权股股票，也可以相对有效地解决企业控制力的问题。2004 年 12 月 8 日，联想集团在北京与美国 IBM 公司的正式签约，联想将以总计 12.5 亿美元收购 IBM 全球的台式、笔记本电脑及其研发、采购业务，IBM 公司将拥有 18.5％左右的股份。在该并购案中，联想共计付出 12.5 亿美元，6.5 亿美元为现金，6 亿美元为联想股票，其中 6 亿美元的联想股票减轻了联想在并购中的现金支付压力，且不用担心控股权稀释问题。这种方式也值得创业者借鉴。

说一千道一万，控制权背后核心的因素在于企业的创始人是否具有高瞻远瞩的宏观把控能力，是否具有深入的执行能力和领导能力，如果没有这些能力，哪怕你占有的股份再高，依然得不到认可。总之，除非在公司不可或缺，否则都有被代替的风险。

做到企业失控状态下的有效控制

对于控制权，尺度的拿捏尤为重要，既要拥有控制权又不显现出强势的控制欲，这是一种管理的艺术。

凯文·凯利的《失控》对我们应该有很大的启发，当我们所面临的世界逐渐走向失控，过去那些十拿九稳的事情在今天的环境下变得并不可控，或者说进入了失控的状态，在这种失控的空间格局里，打造一种近乎失控的组织形态，反而可能更有助于成功。

今天，管理本身已经不再追求绝对的控制，甚至开始走向"失控"，在"失控"的过程，又通过相关的手段进行有效的笼络。从透明化的角度上讲，看起来正在走向"失控"，但实质上又在有条不紊的控制之内，这是管理者的高妙之处。

过去，企业可能是完全靠硬性的权力来进行管控，比如说基于股权或是基于职位，而今天我们看到的控制能力，更多的是基于柔性的品牌或者文化管理，基于管理者的领导能力作为纽带，这个纽带具有更加深远的价值。而这种软性的力量又和今天所面对的失控的时代紧密地结合在一起。

讲控制力，做到企业失控状态下的有效控制，对很多创业者来讲，是一个巨大的挑战，尤其在今天"大众创业、万众创新"的大环境下，团队之间的价值观念和理念认知很难保持一致，这需要一个磨合的过程。在这个过程中，企业创始人不再是过去的企业老大，独当一面，不再是一山难容二虎的状态，今天，创始人都有自己的价值判断和立场，他们选择的不再是过去的你死我活，而是求同存异，这样一来，处于失控状态下的控制，显得更加重要，基于愿景、基于使命、基于价值观、基于未来产业梦想等等，用这些东西把大家团结起来共同奋斗，投入精力、金钱、时间做共同融合，在企业梦想的旗帜下，只有这样才能实现失控状态下的有效控制。

今天我们重新审视控制力的时候，会有更加多维的视角。如果单从创业的角度来讲，仅仅从股权上进行控制，简单粗暴，但也行之有效，除此以外，企业的核心人物更要注重从企业灵魂层面上对员工引领。一软一硬的结合，体现了控制力的升级，也是企业核心治理结构的要点。把这个要点激活以后，在企业管控的过程中，就能实现一种有效的引领模式，就能在新时代的创业大潮中求同存异，拥抱更多的资源，在控制与非控制之间，在组织边界基于模糊的情况下，打造一个更有建设力的平台，实现公司真正意义上的腾飞。

企业控制权不容置疑

对于创业者来讲，更多探讨的是企业的控制权，控制权的重要性毋庸置疑，无论是投资人还是创业者，最后的杀手锏就是对企业的控制能力。

你对企业失去了控制能力，就有可能被淘汰出局，比如众所周知的中国互联网之王是谁呢？是王志东。王志东自我解嘲说所谓的中国互联网之王不过是在中国互联网领域一个姓王的人而已。自嘲的背后也是辛酸。当年王志东先生加盟四通以后，经过起承转合几度辛苦、几度奔波，带领新浪成功在2000年4月份登陆美国纳斯达克，然而令人大跌眼镜的是到2001年6月1日，众多股东在美国开会，居然把王志东给罢免了，到6月4日宣布王志东被离职。你看，一个元老级的创业者，而且在公司里的股份没有占多数，随时都会面临被股东大会炒鱿鱼。

回到头看前面提到的关于新浪、关于王志东的案例，如果当时王志东和新浪其他的大股东如段永基等人能够深入沟通、相互理解，或许就不会产生一些不必要的误解。

我们再看一下马云控制阿里巴巴的案例。尽管马云仅持有阿里巴巴7.8%

股权，但是通过其独创的阿里合伙人制度，让马云牢牢控制阿里巴巴。阿里的合伙人制度，将公司的控制权在形式上归于 30 人左右的核心高管团队，也就是合伙人会议。阿里的合伙人制度，规定了退休、除名等退出机制，具有一定的纠错能力。除名制度甚至对马云等永久合伙人同样适用，体现了一定的包容性。阿里合伙人的选举，合伙委员会、永久合伙人的设置、合伙人的产生资格仍然由马云、蔡崇信等创始人说了算，公司的核心控制权集中在马云等创始合伙人手中，只是更加隐蔽和考究。由于阿里的合伙人制度和持有的股权结合得并不十分紧密，有利于现有合伙人实现一部分套现，而继续保有公司控制权。公司的核心控制权由少数管理层掌握，不利于股东利益的保护，存在一定的道德风险，这对市场监管机构提出更高的要求。美国纽交所接受了阿里的合伙人制度，显然也是对于自己监管能力的一种自信。

《华尔街日报》2014 年 5 月 18 日刊登了题为“京东上市在即：潜在投资者话语权寥寥”（As JD.com Goes Public, Potential Investors Get Little Say）的文章。根据京东商城提交的 IPO 文件，由于京东的 AB 股权结构，该公司董事长兼 CEO 刘强东虽然仅持有该公司 21% 的股权，但却可以凭借着拥有 20 份投票权的特殊股票控制该公司 83.7% 的投票权。文章中对此这样评价：如果没有刘强东的出席，该公司董事会甚至无法举行正式会议，这便进一步加强了他对公司的控制力。京东商城正在向投资者大力宣传自身的创收和增长前景，但它看重的只是投资者的钱，在涉及公司事务的问题上，它却不想赋予股东太多话语权。

正是由于双层股权制度和合伙人制度背离了“资本多数决”、不利于股东利益的保护，因此，并不能被广泛接受，例如在伦敦、香港等证券交易所已对此下达禁令，才使得阿里巴巴当初与港交所谈判失败，转而赴美上市。

对于创始团队来讲，有效把控住企业的控制能力，最核心的还是自身的价值创造能力，这也是我们站在全盘的角度重新审视这个问题做出的一个理性的判断。一个好的企业的成功，在不同的发展阶段，绝不仅仅是由同一群人完成，企业需要不同层次、不同知识背景能力的人把它带向更深远的未来，如果创始团队自身不能够实现的新陈代谢，已经不能够带领企业奋然前行的时候，还牢牢控制住企业，最后只会带来灭亡。

做一个合格的创始人

我们往往认为创始人一定是高瞻远瞩、运筹帷幄的。事实上，所有的枪王都是子弹喂出来的，创业成功的创始人往往是对消费者有深入洞察，同时又和消费者紧密连接在一起的人。没有人天生就眼高于顶，就像所有的职业高手都是一万小时定律的产物。

大家都津津乐道中国商界怪才史玉柱近乎神话的 A 面，可是很少有人关注他创业的 B 面，就拿网游为例，很多老板投资做网游，大多不懂游戏的本质，而史玉柱则是先深入了解、体会，充当消费者，发现切入点，找到市场着陆点，然后才全力以赴。在《征途》上市过程中，他每天十几个小时和玩家在一起，站在玩家角度思考问题，《征途》游戏本身也成了人性洞察的典范。史玉柱不仅仅要求游戏好玩，他还把玩家的贪婪、虚荣、义气、色欲等调动起来转换为游戏的真金白银收益。他确实也是深谙利用人性的高手：

要让他的钱往自己周围的人身上花。因为其实游戏里面是个社会，那里面有很多朋友，有很多敌人。尤其有敌人的时候，他周围更需要有朋友，朋友关系要更加亲密。里面除了有亲密的异性，其实还要有很多亲密的同性，要志同道合。然后要做到，有钱的人，他要为自己的小兄弟们花钱。在那里面打拼世界的人，闯天下的人，他可能没有钱，他可能是个学生，或者他是一个下岗工人，但他很会玩，他和有钱的大哥玩得很好。我就让有钱的人为他花钱。一般人都是有良心的，你为我花钱了，这个大哥需要帮忙，我肯定是两肋插刀。所以他两个关系就更好，大哥就更愿意为周围的人花钱。所以这个花钱尽量要做到，要鼓励、引导一个人为自己游戏中的好友去花钱。

这样的人确实是商业奇才，在商言商他是成功的，但他是否赢得大众发自内心的尊重却不一定。当然，史玉柱的做法对创业者是有启发的。

创业初期，创始人决不能躲在办公室里设计漂亮的BP或者宏大的商业模式，而应该和种子用户在一起，深入思考他们的痛点痒点，在此基础上明确发展方向和产品方案。当然，如果能够像小米手机或者征途游戏一样让消费者参与产品优化的交互则更好。

我经常把创业过程比喻成钻木取火，创造星星之火并让它越燃越旺。钻木取火有三个关键点：一是准备好材料，包括薄厚适宜的木料以及引燃物；二是在砧木上开出一个燃屑槽。燃屑槽的作用是在钻坑里钻出火星以后让火星顺着燃屑槽掉到底下的引燃物上，然后再生火，要求不宽不窄，不深不浅，这样也能保证砧木和引火物的距离不能太远；三是不间断的摩擦，一点一点地积攒热量，中间不能停顿。

作为合格的创始人，首先关注的是公司能否活下来，也就是有充足的现金流，有了稳定的盈利以后就要考虑公司的发展问题、战略问题、保持企业长久的发展。好的创始人本质上也是好的产品经理，他一定要想清楚把有限的资源投放到哪里，要对公司定位聚焦得更加精准。

公司管理是一个系统工程，这个系统当中必定有少数几个关键流程对整个系统的健康运转具有重大的影响。创始人的工作就是关注这些关键流程，并且确认这些流程的负责人都是优秀的人才，寻找人才并培养人才。汉高祖刘邦说："夫运筹帷幄之中，决胜千里之外，吾不如子房；镇国家，抚百姓，给饷馈，不绝粮道，吾不如萧何；连百万之众，战必胜，攻必取，吾不如韩信。三者皆人杰，吾能用之，此吾所以取天下者也。"刘邦就是合格的创始人。

衡量老板水平的高低有很多标准，其中最简便的方法，就是看公司是不是离得开这个老板，"可有可无"的老板乃是高明的老板。当然老板绝不是超人，许多老板仍然着迷于全能型老板的神话，他们担心自己在他人眼里显得无能，因此他们努力做到无所不能，这是错误的。不可能存在完美的老板，越早停止扮演“超人”的角色，对组织的良性发展越有益。

作为企业的创始人，应该认识到自己并非完美无缺，而是存在种种不足，必须借助其他人员的长处，来弥补自己欠缺的技能。美国著名政治记者克里斯·华莱士说过一句话：“总统之为总统，不在于智力和意识形态如何，而在于意志力和判断力能否经得起检验。”

创始人既要和团队一起并肩作战，还要保持独立的冷静思考，对商业规则与市场风险要有良好的判断能力。有专家预测：在未来的 10 年中，导致企业失败最重要的原因将不是营销才能、信息技术或其他任何专业知识，而是企业负责人害怕采取重大而又痛苦的决策。

需要指出的是，合格的创始人应该成为激励高手。美国哈佛大学的专家发现，在缺乏激励的环境中，员工的潜力只发挥出 20% ~ 30% 甚至可能引起相反的效果。在适宜的激励环境中，同样的员工却能发挥出其潜力的 80% ~ 90%。美国“钢铁大王”卡耐基，在 1921 年付出一百万美元的超高年薪聘请一位执行长夏布。许多记者访问卡耐基时问：“为什么是他？”卡耐基说：“因为他最会赞美别人，这也是他最值钱的本事。”甚至，卡耐基为自己写的墓志铭是这样的：这里躺着一个人，他懂得如何让比他聪明的人更开心。人类本质里最深远的驱策力，就是希望自己具有重要性。卓越的创始人就是要力争使每一个员工感受到自己的重要性。

第十九章

发展力关：
有后劲才有发展

发展是创业的终极目的

我们强调在失控的大环境下构建企业的控制能力，进一步获得企业发展的动力和势能，本质上是追求企业的长远发展，不是为控制而控制，发展是创业的终极目的。

企业发展力，体现了企业的核心管理团队对企业未来长远的战略思考，是指企业在生产经营活动中所获得的持续创造利润、社会价值和实现以人为中心的全面发展的能力。

在企业发展力内部各要素中，产品是主导性要素。一个企业的命运，维系于能不能研发并生产出一个或几个市场需要的产品。当市场上第一代产品重点推广并且热销的时候，第二代的产品已经出炉、第三代产品正在研发设计，整个产品更新换代的规划有条不紊地进行。当然，在发展的过程中企业也要根据社会环境及市场需求不断优化和改进，以相对可控的、稳健的姿态应对更多不可控的发展中问题。

诺基亚 CEO 约玛·奥利拉在记者招待会上公布同意微软收购时最后说了一句话：我们并没有做错什么，但不知为什么，我们输了。这句貌似无辜的话恰恰让我们看到当外部环境发生变化的时候，诺基亚没有任何快速响应和持续改进的发展力。昔日功能手机的全球老大、市值曾位居全球上市公司之首的诺基亚以区区 72 亿美元出售了旗下最核心的手机业务，这一售价还不足当年辉煌时期公司上千亿市值的零头。

诺基亚的品牌不可谓不响亮。莫说如日中天时期，就是这些年江河日下，其品牌价值仍然在全球名列前茅。2011 年虽然跌出全球前十，但仍然保持在第十四位，品牌价值甚至高于宝马和路易威登。

诺基亚手机的质量不可谓不精良。尽管后来诺基亚手机风光不再，但用户们一直都怀念它的耐用皮实，砸核桃绝技早已名满天下。直到今天，诺基亚手机的稳定性和耐用性都仍然有口皆碑。但是质量稳定和经久耐用并没有让诺基亚守住市场份额，这就说明，对于手机这一类时尚性很强的电子产品，单单靠产品质量过硬是无法纵横天下的。

企业的发展力是企业的基础性建设，是竞争力的基础，是企业经过量能积累后能够实现突破性发展或超速发展的基础，也是企业面临机遇或危机时能够有多大主动权的基础，一个企业失去发展力，其它的一切优势都会被化为零。前面我们讲到执行力、控制力，都是为发展力奠定基础。当你有强有力的执行能力以及管控能力的时候，就拥有了各种发展机会的可能。

比如说国内现在比较有名的 3W 咖啡，已经是集团化运作了，两三年前刚创业的时候，创始人许单单等人很艰难地拉了几个大佬众筹了一点钱，开始组建 3W 咖啡，当时的情况可谓九死一生，他们认准方向、敢于坚持，最后获得了成功。现在的 3W 咖啡已经网罗互联网的圈子，具有超过 100 名知名股东和几百名会员。3W 咖啡提供持续的深度沙龙及聚会，促进知识分享和股东交流，目前已经成为互联网行业的最核心人脉圈，紧密联结了有影响力、有话语权、引领产业方向的企业家和领军人物，获得了极高的股东评价和口碑。今年李克强总理到了创业大街，喝了一杯 3W 咖啡，这让 3W 咖啡的身价暴涨，获得京东领投的近亿元 A 轮融资，主要用于推进“十城百店”计划，希望可以扩张到 10 多个主要城市，开设 100 家店。

看待企业发展力的时候，要求企业家本身要有高远的思维，能够与时俱进地根据外部的环境做相应的灵活调整，把握住了这些点以后，企业就会有一个高远的未来。当年毛泽东在延安，准确地判断了当时的形势的走向，并清楚地预见未来形势的变化，这就是领袖的高瞻远瞩的思维，在过程中不断围绕发展做各种调整和演进。

企业发展力的背后是企业面向未来在前期做的思考、战略和布局，就像拉勾网、3W 咖啡，如果当初没有做出一个正确定位，就不可能有目前的成就。

保持创新的思维、拥有发展的眼光、内心有更大的格局，就可以获得一种有效的势能，利用势能借力打力，创业就水到渠成。

为企业注入新的能量

围绕发展力面向未来的区位空间的构建，一定要在不同的空间和不同的人进行广泛的连接，所以，就算你是某些三、四线城市的传统企业的大佬，你仍需要每个月都到一线城市待几天，和不同的创业群体、不同的投资人以及不同的合作伙伴进行深入的沟通和交流，经过碰撞，他们的想法一定对你原有的观念有所触动，甚至对你原有的想法产生颠覆性的效果。为什么要这么做呢？因为要拥抱未来。就像马云、李彦宏学习美国的模式，搬回中国略作改进就成就了阿里和百度的今天。

当一家企业只能适应眼前的状态，没有能力迎接未来、拥抱未来，它就是一只恐龙，难逃走向灭亡的运命。流星再美好，也只是一个美好的回忆，只有光辉灿烂的太阳才铸就永恒。

发展是一种生生不息的力量，而这种力量需要企业的控制者与时俱进，不断地为企业注入新的能量，流水不腐，企业的生命力需要打破僵化的思维，用持续的未来竞争优势托举自己的发展。

华为的精神领袖任正非先生在一篇讲话中说：

我们要学习美国的创新精神、创新机制和创新能力。要打破自己的优势，形成新的优势。我们不主动打破自己的优势，别人早晚也会来打破。我们在学术会议上要多和爱立信、阿朗、诺西……交流，并在标准和产业政策上与它们形成战略伙伴，就能应对快速变化的世界。

我特别支持无线产品线成立蓝军组织。要想升官，先到蓝军去，不把红军打败就不要升司令。红军的司令如果没有蓝军经历，也不要再提拔了。你都不知道如何打败华为，说明你已到天花板了。两军互攻最终会有一个井喷，井喷出来的东西可能就是一个机会点。我不管无线在蓝军上投资多少，但一定要像董事们《炮轰华为》一样，架着大炮轰，他们发表的文章是按进入我的邮箱的时间排序的。一定要把华为公司的优势去掉，去掉优势就是更优势。

我们在华为内部要创造一种保护机制，一定要让蓝军有地位。蓝军可能胡说八道，有一些疯子，敢想敢说敢干，博弈之后要给他们一些宽容，你怎么知道他们不能走出一条路来呢？

除了创始人四处学习借鉴外，创业企业要学会聚合志同道合的“精英”，利用业余时间定期为员工进行培训。公司的高管也利用自己的人脉，支持这项活动。员工们更乐意参加这种免费而实用的培训。这种做法在培训资金匮乏的企业非常具有可行性，而且效果良好。

抓住机会快速发展

现在，很多的投资人已经没有足够的耐心等待创业者像一棵树那样成长，而是更希望吹糠见米粒、立地见全。不是投资人不理性，而是这个时代变化太快。尽管急功近利的投资人不会有大成就，但对于这无可更改的投资环境，创业者还是要做好应对。

顾客需求瞬息万变、技术创新不断加速、产品周期不断缩短、市场竞争日趋激烈等等因素，导致了很多企业甚至是曾掌握市场优势的企业，不知不觉地陷入激烈的市场竞争中，以便重新建立其优势，重获市场占有率，有时甚至是在设法确保其生存。

相关的调查研究发现：有明显的趋势显示，20 世纪 90 年代以来企业正在以更快的速度消亡，公司更替的速度在不断加快。比如号称“永动机”的 ITT 公司，20 世纪 60 年代，它是华尔街的最爱，现在也衰老了。一个企业可以在某个阶段取得出色的财务业绩，但不会总是如此。

现在，技术创新正对商业的影响力越来越大，人们对商业机会的预测、发现和保持变得更加困难了。技术创新带来了新经济，也摧毁了旧的机制。人们对机会难以把握，使许多创新企业都面临着诸多不确定性的陷阱。

这一系列变化促使创业者们必须要注重快速发展，拓展现有产品的速度一定要快，无论是开发新产品还是提供新服务，改型换代、推陈出新的速度一定要快，否则，现有产品和服务的被淘汰的速度加快最终将导致公司的消亡。

在企业消亡率越来越高的环境中，仅要维持经营状态，公司就必须抓住发展的机会、实现快速成长。

第二十章

核心竞争力关：形成脱颖而出的独特优势

核心竞争力是企业的发展命脉

不论是执行力、控制力还是发展力，落实到企业的运转过程中，就一定要形成企业内在的核心竞争力。

围绕核心竞争力，中国的很多专家学者进行过深入的探讨，张维迎认为，一个企业的核心竞争力是偷不去、买不来、拆不开、带不走的。企业的核心竞争力可能是一个点，也可能是一个面，还有可能是一条线，在不同的产业环境下，竞争能力的优势就有可能呈现不同的势态。

对于马术比赛来讲，第一名和第二名之间的距离可能只差半匹马的距离，但第一名和第二名所得到的待遇是完全不一样的。所以，核心竞争力一定是能够让你力争上游、甩开他人、拉大差距、无人替代的一种能力，有了这种能力，你就可以在市场上独领风骚，反之，你就只能屈居于后。企业核心竞争力的构建，对于很多创业者来讲是一道重要的关卡，如果竞争者容易进来，说明这个项目非常容易被复制，那企业直面以对的就是短兵相接的激烈竞争。

那么，企业如何形成独一无二的核心竞争力？如何保持这种核心竞争力？这两个问题非常重要。不同的企业家有不同的看法，有的认为企业早晚要死掉的，应该尊重它的生命周期，不要刻意去维护企业的长久性，对于这类企业家来说，他们不看重基业长青，觉得赚了钱就足够了，并不考虑企业的长远未来。但是，不论企业想基业长青还是赚快餐钱，它都需要发展，需要建立自己的优势，如果没有核心竞争力，任何目标都难以真正实现。

当今互联网时代下，连接的便利性使得我们可以不关注自身的短板，因为短板可以通过团队合作补足，我们需要关注的恰恰是自己的长板，有效地发挥自己的竞争优势，这才是最重要的。当我们围绕自己的长板来审视自己的发展，就能以自己的节奏应对来自不同领域、不同空间的竞争，以“当今之世，舍我其谁”的无所畏惧的精神和独步天下的竞争优势在时代的大潮流中奋勇争先。

创业维艰，我们都明白这个道理，以简单的融资为例，投资人与创业者进行沟通和交流的时候，无非想找到一个点，这个点就是你这个创业团队的核心竞争力。投资人认可你的核心竞争力，他才可能拿钱给你投资。

发掘自身的优势

美国福特汽车公司创办人亨利·福特曾经这样讲道：“一个仅是为了竞争而竞争，为了逐退对手而竞争的动机是绝对不会持久的。最令人惧怕的竞争对手是一个完全不理会你，可是却埋头不断地改善自己的企业。”虽然他的话不免有一点偏颇，但我们可以看出，企业要提升自身的竞争力的关键因素是要根据自身的情况来着手，通过要不停地进行自我完善，不断地发掘自身的优势。

市场竞争是资源优化配置的源动力。企业需要根据市场的反馈，持续改进产品和服务，使顾客价值最大化，企业就能不断地扩大市场获取利润，从而增强核心竞争力。在市场规模不断扩大的基础上，根据企业自身状况以及市场环境等因素，及时制定出控制产业价值链稀缺资源的战略和策略，并通过企业的日常经营逐步实现。

比如说内蒙古的羊，在内蒙古只有某几个地方的羊肉最好吃，而这几个地方所有的羊已经为我所控，因为所有的养殖户都和我签订了独家供货协议，因此，我就形成了独到的竞争优势。我凭什么可以和这么多的养殖户签协议？或者说养殖户凭什么心甘情愿地和我签协议？必须基于两个保证，一个是我的采购能力保证，我的采购量要能吃掉这么多的羊，另一个是我的价格支付能力保证，我的采购价格和市场价格保持一致或略高于市场价格。

茅台酒作为世界三大名酒之一，至今已有800多年的历史。酿制茅台酒的用水主要是赤水河的水，赤水河水质好，入口微甜。茅台镇还具有极特殊的自然环境和气候条件。它位于贵州高原最低点的盆地，海拔仅440米，远离高原气流，终日云雾密集。夏日持续35～39℃的高温期长达5个月，一年有大半时间笼罩在闷热、潮湿的雨雾之中。这种特殊气候、水质、土壤条件，对于酒料的发酵、熟化非常有利，同时也部分地对茅台酒中香气成分的微生物产生、精化、增减起了决定性的作用。这就是为什么长期以来，茅台镇周围地区或全国部分酱香型酒的厂家极力仿制茅台酒，而不得成功的道理。茅台酒的独特的产地因素，形成了茅台酒品质上独有的核心竞争优势，在中国白酒行业的“排头兵”地位及其对行业发展所具有的引领作用，正在日益凸显出来。这种优势就是国酒茅台的优势，别人无法效仿。

海底捞的火锅你吃过吗？海底捞体贴入微的服务一定会让你印象深刻。在竞争激烈的餐饮行业中，海底捞为什么能够食客如云、一枝独秀？海底捞的核心竞争力究竟是什么？是环境、口味、食品安全还是服务品质？海底捞的创始人张勇认为，餐饮是一个完全竞争的行业，消费者体验至关重要，而消费者的满意度是由员工来保证和实现的。海底捞通过打造好人力资源体系，形成一种自下而上的文化，并以此构建海底捞的核心竞争力。海底捞的核心价值观是“双手改变命运”，通过打造人力资源体系，让员工在物质和精神层面都有收获和发展。海底捞的竞争优势是充分尊重信任员工，唤起他们的责任心和成就欲，大家同心协力打造客户满意的餐饮品牌。

对于大部分创业公司来说，融资已经成了一个必不可少的关键节点。一见传媒的创始人范晓燕敏锐地发现，视频有以前科技博客、文字媒体、BP不可取代的优势，她决心定义一种新的项目介绍模式，用三分钟视频来报道创业团队、创业项目的亮点和价值。事实证明这种新的模式真的是市场需要的，自2014年8月成立以来，短短几个月的时间内，一见传媒已经共计报道创业公司400余家。一见传媒通过打造在创业公司视频BP领域的强者位置，构筑核心竞争优势，继而推出一个专为创业者与投资人提供沟通服务的社区型APP产品，用一年半的时间沉淀平台创业者和投资人双向的用户，当平台有了人、流量和知名度，一见传媒成了聚合投资人和创业者的平台。

通过模仿创新形成竞争优势

百度追随在谷歌后面，阿里巴巴当初受到美国电子商务公司的影响，腾讯刚开始是ICQ免费版，新浪微博是中文版的Twitter，而滴滴打车就是中国版的UBER等，他们成功了。甚至以阿里为首的，成功到超越人们的期望。对于创业者而言，寻找企业发展的标杆，通过模仿创新形成自己的竞争优势，是发展的道路选择之一。

模仿创新就是指不断寻找和研究同行一流公司的最佳实践，并以此为基准与本企业进行比较、分析、判断，从而使自己企业得到不断改进，进入或赶超一流公司，创造优秀业绩的良性循环过程。其核心是向业内或业外的最优秀的企业学习。通过学习，企业重新思考和改进经营实践，创造自己的最佳实践。

模仿创新优势在于可节约大量研发及市场培育方面的费用，降低投资风险，也回避了市场成长初期的不稳定性，降低了市场开发的风险。模仿创新是创业企业以最小代价、最快速度追赶国内外先进技术的现实途径，是最终实现技术自主创新的必经阶段。历史上，美国工业的发展正是得益于对欧洲国家先进技术的模仿创新，日本战后经济振兴的奇迹也是得益于对世界发达国家，尤其是美国工业技术的模仿创新，韩国也是通过模仿创新，迅速改变落后面貌，一跃成为新兴的工业化国家。

史蒂夫·乔布斯在 2007 年 1 月 9 日举行的 Macworld 宣布推出 iPhone，并于 2007 年 6 月 29 日在美国上市，取得空前的成功。安卓系统的研发始于 2007 年 11 月，在 iPhone 上市后，谷歌很快就瞄上了苹果 iOS 系统，安卓实际上就是一个模仿苹果 iOS+APP 模式的新操作系统。安卓的成功源于谷歌在商业模式方面的创新，开放源代码，谷歌不断升级安卓系统，手机终端厂商则不断升级手机硬件，聚天下之力，具备了向“软硬兼备”的 iPhone4S 发起挑战的实力。2014 年 11 月，调研机构 Strategy Analytics 最新的第三季度报告中显示，安卓系统以 83.6% 的市场占有率稳居移动操作系统市场之首，市场份额由 81.4% 上升至 83.6%，苹果的市场份额却由 13.4% 降到 12.3%。

但是，模仿难免在技术上受制于人，而且新技术也并不总是能够轻易被模仿的。随着知识产权保护意识的不断增强，专利制度的不断完善，要获得效益显著的技术显然更不容易了。但追随战略对创业企业来讲，仍不失为一种有效的战略路径。

建立企业自我评估体系

以往一旦提到企业竞争，大都会想到是企业与企业之间激烈竞争的情况，比如苏宁易购郑重其事地发表微博喊话“老板若是真的强，头条何须老板娘！”，企业在展开竞争时往往过多地关注对手的情况，集中力量分析对手的竞争策略、管理手段、营销方法。

《孙子·谋攻》：“知彼知己者，百战不殆。”“百战不殆”是目标，想达到这个目标，需要“知彼”的同时还要“知己”。在激烈的市场竞争环境中，企业的最大竞争对手实际上是自己。提高企业核心竞争力就必须完善内部控制制度、建立企业自我评估体系。

完善内部控制制度、建立企业自我评估体系对于维护企业的正常生产经营和促进企业的发展具有至关重要的作用。三星集团主席李健熙在1997年决定进军汽车业时，李健熙是个很强势的董事长，还是一名汽车发烧友，很多高级经理明明知道汽车行业的产能明显过剩，但对这笔130亿美元的投资计划却保持沉默。结果，三星汽车刚投产一年就彻底失败，迫使李健熙从自己腰包里掏出20亿美元安抚债权人，对于当初没有人敢说出反对意见，他表示非常吃惊。再如雷曼兄弟的破产倒闭、有人说雷曼兄弟的破产是美国经济不景气造成的悲剧，经济不景气并不是主要的原因，主要的原因是雷曼兄弟内部控制措施的失败，如果一个企业内部缺乏一套行之有效的自我评估体系，就会使企业无法及时发现其内部控制措施的缺失，当外部环境出现剧烈变化的时候，企业无法做出正确的应对，企业经营就会陷入困境，百年基业可能就会毁于一旦。

最了解企业的一定是在一线工作的员工，只有同他们充分沟通才能真正清楚企业的现状，企业自我评估体系的建立过程中需要企业员工的广泛参与互动。企业自我评估体系把传统的只由专门的内部审计部门的职能转化由公司各部门参与作业的员工亲自参与评估，可以使企业的领导人清楚地知道哪一个具体的细节中存在缺陷和隐患以及可能的后果，然后集体讨论找到有效地解决问题的方案，未雨绸缪。

比如说，顺驰的创始人孙宏斌在2004年初宣布：“顺驰将在3年之内超过万科”。顺驰靠二手房代理起家，对客户需求市场反应敏感，团队的执行力强，职员斗志旺盛，截至2003年年底，顺驰预交地价的资金在人民币70亿元以上，进入2004年第一季度，预付资金规模已经超过100亿元。从资金流上看，除非有强大的财团或银行做后盾，按期交付地价款是不可能的。实际上，顺驰在许多城市都在拖延交付地价款，另一方面，继续高价拿地。

为了追求盲目的高速扩张，顺驰采取了高土地成本、高财务成本和高人力成本等三“高”政策。并且，顺驰以三“高”政策来追求一个“快”字，即尽可能快地缩短项目运营时间，尽可能快地加速资金的内部流转，尽可能快地扩大销售规模等，以建立起一个所向无敌的房地产王国。顺驰的内部根本没有任何自我评估及风险控制的机制，无视企业发展的基本法则，无视自身资金和管理能力的盲目扩张的后果是很惨痛的。

建立企业自我评估体系有助于企业随时了解自己的状况，如果不是存在侥幸心理，务实的企业管理者总是能据此做出精准的决策的。

提高员工的竞争意识

联想教父柳传志说：“对于人才，我有一个看法，对于一般的企业来说，更需要的是管理人才，为什么这么讲？因为好的科技人才和专业人才，就像珍珠，没有线，这些珍珠成不了项链，好的科技人才我可以通过高薪把他挖过来，但挖过来之后，没有好的管理人才，他们还是起不到该起的作用。起决定作用的还是线。因此管理人才是极其重要的。有的人不是珍珠，不能像珍珠一样闪闪发光，但他是一条线，能把那些珍珠串起来，做出一条光彩夺目的项链来。”

企业之间的竞争最终是对人才的竞争。对企业而言，一个个人才就像一颗颗晶莹圆润的珍珠，企业不但要把最大最好的珍珠买回来，而且要有自己的“一条线”，能够把这一颗颗零散的珍珠串起来，共同串成一条精美的项链。如果没有这条线，珍珠再大、再多还是一盘散沙，它们起的作用不过是以一当十的匹夫之勇。那么，这条线是什么呢？就是能把众多珍珠凝聚在一起，步调一致，为了共同目标而努力的团队精神。

有一个真实的故事。国外一家森林公园曾养殖了几百只梅花鹿，尽管环境幽静，水草丰美，又没有天敌，而几年以后，鹿群非但没有发展，反而病的病，死的死，竟然出现了负增长。这大大违背了养殖者的初衷，他们百思不得其解。后来他们接受建议，买回几只狼放置在公园里。在狼的追赶捕食下，鹿群只得紧张地奔跑以逃命。这样一来，除了那些老弱病残者被狼捕食外，其他鹿的体质日益增强，数量也迅速地增长着。这个故事真实地揭示了优胜劣汰的自然进化法则。商业社会也一样是遵循着这样的法则——在竞争中求生存。

只有提高全体员工的竞争意识，企业的竞争优势才能真正获得，竞争力才能真正加强。例如，日本企业全体员工参与竞争情报工作的意识都非常强烈，公司中上至总裁、下至生产工人都参与收集信息，呈现一种人人抓信息的良好气氛。因此日本企业的竞争力非常强，日本产品能够迅速赶上美国产品，其中的主要原因就在于此。那么如何来提高全体员工的竞争意识呢？集体决策方式的采用可以说是达到这一结果的有效途径。即在决策过程中广大员工都参与决策讨论，上下级之间都进行正式或非正式的交流，并逐级向上汇报，待协商一致再由决策者做出裁决。采用这种方式不仅提高了员工竞争意识，而且使企业内部关系融洽，信息交流畅通。

在建立内部竞争机制的时候，要注意成员相互之间的关系，分工合作是团队的核心，是合作中的竞争，而不是你死我活的斗争。团队建设中，合作并不是和稀泥，并不意味着团队中风平浪净、一潭死水。团队内部应该有不同意见，要鼓励从多个角度思考问题，用争论来激活团队的气氛，激发成员的竞争意识。正如美国 SUN 公司总裁 Schwartz 所倡导的那样：“只有矛盾才能激发争论，而争论总是有益的，没有争论的团队就不正常了。当然，每个人也得知道如何适时地结束争论。”

盛大游戏是中国领先的网络游戏开发商、运营商和发行商，致力于打造中国乃至全球领先的网络游戏平台，连续多年赢得“金翎奖”、“金凤凰奖”等重量级行业奖项。2007 年 9 月，盛大游戏在刚刚进行了历年来力度最大的一次调薪之后，陈天桥提出了以“人性、乐趣、和谐”为核心价值观的“游戏式管理”的概念，辅之以组织架构的调整、信息化系统的建设以及绩效体系的完善。

盛大“游戏式管理”的核心规则是：所有员工都会像游戏中的人物一样拥有一个经验值，员工平时的表现和工作业绩，都将被经验值忠实地记录，而今后的盛大员工将像网络游戏角色一样，通过“练级”提升经验值获取晋升或加薪机会，盛大建立了双梯发展模式，即专业岗位序列和管理岗位序列。

“游戏式管理”一方面加强了员工的竞争意识和责任意识，鼓励他们充分发挥自己的才能，参与项目越多，对公司贡献越大，他们的经验值增长也就越快，将游戏经验值的概念引入管理，对员工来说意味着一套更易于理解和更具操作性的规则。

用一种员工很容易理解、甚至喜欢的方式来管理企业，而且让员工牢牢掌握自己发展的主动权，管理的极致是企业目标和员工目标、企业价值和员工价值的统一。

第二十一章

家庭关：家庭与事业是一条并行线

家庭是绕不开的创业因素

我们在创业的第一天就应该考虑清楚：创业意味着什么？创业为了什么？创业意味着一种崭新的生活方式，而成功和失败不过是副产品，事实上，很多创业者都盯着功名利益，但是对于创业这种生活方式不免“挑逗有余，力量不足”。

处理好事业与家庭的关系是一个创业者必须具备的能力，没有家庭的支持再伟大的事业也难以成功。我们选择了创业这条路，这是一条充满了艰辛、痛苦但同时也充满了乐趣的路，我们创业的路注定要享受着其中的酸甜苦辣涩。只有能处理好家庭和事业的人才能让他全力以赴用心地去经营他所选择的路。创业是一种生活方式，而家庭是生活的重要组成部分，二者要相互兼顾，协调经营，才能达到完美人生。

2011 年 9 月 5 日，李阳的美国妻子 Kim 在微博上曝光了一系列关于丈夫向她施暴的图片和文字，一下子把这个著名的英语教育专家推到了舆论的风口浪尖，同时也让李阳辛苦打造的疯狂英语教育品牌信誉尽失。土豆网的王微，因为离婚时的财产分割问题，与其妻发生股权纠纷，延误了公司上市。因为离婚时可以主张分割婚姻存续期间资产，创始人的股权将面临威胁。

从另外一个方面看，家庭也可以比作一个企业，一样的都是需要创业者用心去经营、用心去呵护，只有在经营的过程中感动了自己，才能感动我们的家人。创业者要同样与家人进行交流、沟通，如果我们连我们最亲密的人都无法沟通交流的话，我们如何去面对股东、员工及客户，那么我们的事业机会就会变小，我们的事业也会变小！

当我们处理好时间和各种关系后，将家庭同事业放在同等的位置上，才不会在天平上失去平衡、偏向一方。同时，这样的结果会给在创业路上的创客们更多的勇气和鼓励！人是社会属性的动物，不仅仅要去创业，做自己的事业，成就自己的梦想，还得兼顾自己的家庭和家人。事实上，一个创业者的思考、眼界、行为与他的生活、家庭紧密相关。

对于很多创业者来说，家庭生活中会有伴侣、孩子、父母，他们都是创业背后的家庭关系，进入创业状态以后，这些关系可能会发生一些微妙的变化，尤其在前期储备资源不是特别充分的情况下，创业者可能会把绝大部分的时间和精力投入到创业中来，这时他所面临的问题就是没有太多精力来陪伴家人、照顾家庭，这就要求创业者做一些取舍。

围绕这个话题，我们和众多走在创业路上的企业家做了沟通和交流，很多企业家都承认创业本身一定意味着陪伴家人的时间相对减少，但他们更希望做到两者兼顾，希望有更多的时间来陪伴孩子、陪伴爱人，这也是企业家们自认为成功的一个很重要的标准。但是，目前只有不多的创业者能够在家庭与企业之间做到真正的平衡与兼顾，他们常常顾此失彼，手忙脚乱，或许成就了事业，却失去了家庭，这并不是我们创业所期望的。

对于家庭，任何时候都是最重要的，无论是创业者还是非创业者，无论创业是否成功，能够陪伴孩子度过一个幸福的童年，能够陪伴家人度过一些美好的时光，都是我们所期待的美好生活。所以，在事业与家庭之间拿捏好尺度是一种艺术，也是我们必须面对的一道关卡。对于创业者来说，一定要在力所能及的范畴内，把创业生活和家庭生活做一个时间与精力的科学分配。

创业和家庭之间的关系如何平衡

很多的创业者都是抱着让家庭更幸福、让生活更美好的初衷去创业，然而在创业的路上走着走着，就经常忘了自己的出发点，变得纯粹为了创业而拼命了，创业过程本身非常艰难，压力山大，所以，创业者一定要明白这一点。

马云谈到了如何平衡创业和家庭之间的关系时，他结合自己的创业经历，真诚地说：

你如果选择了创业这条路，选择了希望往前走，你就没办法想平衡，你只是把自己把生活和工作融为一谈之间如何在里面获得乐趣而已。所以我告诉大家创业是很艰辛的，今天谁告诉我说，我可以把工作和生活分得很开，我相信这是职业经理人，我也不相信他企业会做得很好，我是坐在马桶上冲着淋浴的时候在想工作，我晚上做梦的时候也是想的这些事，但是我得到的是快乐。我得到家人的支持，他们也知道假如我不想的话，他们也会不幸福，他们也知道每天回到家看到他们怎么办呢？都已经适应了。都是这样的，如果你选择了，我很抱歉已经在路上了你就只能走下去，要不然你就离开。

创业维艰，创业者很难兼顾家庭和事业，但前提是必须做好沟通，取得家人的理解和支持。最不能接受的就是创业者将工作中的恶劣情绪带到家庭生活中，而家庭不幸地成为撒气的地方，这对家庭成员来说，相当不公平。

每个家庭有自己的相处方式，一个底线是你们至少要保持一定陪伴和团聚的时间。创业者一定非常忙，但是不可能连一点点的业余时间都挤不出来。一定要做好时间方面的规划，固定的一个周期、挤出一些时间陪伴家人。Facebook 创始人扎克伯格是个极其优秀的案例，他甚至在业余时间学习汉语，以便与其华裔妻子的中国家族交流，一个大公司 CEO 尚且可以如此，你也可以同样利用少数时间令家人开心。

Scott Weiss 曾经是 Hotmail 早期创始员工，并曾创立过一家不错的安全公司 IronPort，后来被 Cisco 收购，随后他加入 A16Z 成为合伙人。在创建安全公司 IronPort 的那一段时期，Scott Weiss 的家庭生活陷入谷底，是他自认为“最为黑暗的日子”，他回顾这一段经历时说：“我在工作时专注、积极、果断、善于表达；但在家里，我不为别人着想、心事重重、以自我为中心，并且懒惰。”他反思自己的职业生涯与家庭生活，对如何实现真正的平衡提供了四个非常不错的建议。

1.“在线”和“掉线”。虽然现在的我要看清这一点非常容易，但那时候的我可看不清这一点：我总是认为工作比家庭更重要更紧迫。我认为，态度的转变来自于真正让自己在家里处于“在线”状态，而从工作中完全“掉线”（比如关掉电脑和手机），把所有的心思花在家里的细节上。做一顿美味的晚餐、与小孩一起完成科学项目、与伴侣讨论未来生活的安排。

2. 参与和投入。如果你在精神上没有参与，你就不可能成为真正的伴侣。我认为，再忙的 CEO 也要花时间吃早餐或晚餐、辅导孩子作业，坚持参加学校活动。每周都参与家庭生活是必需的，这个活儿可不能外包。不管我出差归来再累，我也强迫自己不要“在家偷懒”——因为家庭真的太重要了。当你真的投入进去，很快你就会发现与家庭的关系自然地、显著地被加强了。

3. 改善和交流。每天的平安短信和电话是基本的，但不要仅仅如此。以前我在 IronPort 需要出差时，我会不告诉家人就离开好几天。但现在我开始制作家庭每周日程，全家一起安排和计划聚餐（可能是我们做的最重要的事情），接送孩子，调整出差时间。如果我提早完成了工作，我是不是能用这些时间承担一些家庭事务？比如回家的路上要我捎带东西回来吗？比如当妻子有事外出的时候，我就是“值班爸爸”，我会在会议开始时告诉大家“抱歉，我需要保持电话畅通，以防万一。

4. 学会计划和轻重缓急。妻子和我每周会有一个晚上用来约会，而我和儿子会共同观看一场足球联赛，我和女儿会一起做饭。在我的日程中，这些事情已经成为惯例。你必须在生活中挤出时间去做真正重要的事情。如果可能的话，住得靠近办公室会帮助兼顾优先级。这意味着，我可以先参加一个家庭晚餐，然后回到办公室处理工作或开会。

Scott Weiss 希望能说服最努力工作的 CEO 们，真正地去平衡工作和生活。“当你失去平衡的时候，它会加剧你的压力，影响你的判断，并最终在你最需要全神贯注打仗的时候发挥致命影响。”

鼓励员工关心家庭

创业者自己要处理好事业和家庭之间的关系，并且在此基础上，要鼓励员工关心自己的家人。国内的一家国有企业建立了厂史博物馆，每当有新晋员工时，都会邀请新员工和员工家属一起走进博物馆参观，了解公司的历史和现状。组织新员工与家属一起参观厂史博物馆，能增强员工的集体荣誉感和企业的凝聚力，同时也让员工家属对自己的家人在本企业工作非常自豪和放心。

海底捞的员工大多数来自贫穷的农村，在农村，员工的父母没有退休养老金，也没有医疗保障，为了帮助员工解决这些后顾之忧，大堂经理以上级别员工享有每月 300 元的父母补贴，这部分钱会直接由公司寄到员工家里。除此之外，海底捞还鼓励员工把自己的工资寄一部分给家里，每个月发放工资日后都会抽查，给员工家里电话确认父母是不是收到了子女的工资，他们是不是挥霍掉了自己的工资。同时，作为激励机制的一部分，海底捞店长的小孩每年有 12000 元的教育津贴，使得他们能够和城里的孩子受到同样的教育。

“滴水之恩，当以涌泉相报”，在中国这样一个重视人伦情理的国家，如此浓厚的人文关怀使每个员工在工作时都怀着一颗感恩的心，那么在工作中自然也就以加倍的热情来回馈企业，这是中国式管理的典范。

唐骏在微软的时候用的就是在中秋节给每个员工快递月饼的做法，让员工把要快递月饼的地址告诉公司，公司免费快递。这样很多员工就会把家长、老师、过去的老板，朋友的名单列出，收到月饼的人的心情除了惊讶，更多的是感慨。

在月饼里，唐骏还放了一封签过名给亲人们的卡片，卡片这样写道：

又是中秋佳节来临之际，月圆之夜，是亲人团聚的日子，我们希望通过这份特别的心意向您——我们微软中国公司员工的亲人和朋友致以最亲切的问候：祝您中秋快乐！同时，我谨代表微软中国公司的全体员工向您表示我们衷心的感谢，感谢您长期以来对我们的支持、理解、关心和厚爱。

作为微软中国公司的总裁，我为拥有微软及中国最出色的员工而深感自豪。他们是我们微软的骄傲，也是我们大家的骄傲。在过去的一年里，我们推出了“军乐团计划”，“春耕计划”和“护航计划”，经过全体员工努力今年我们创造了微软公司历史上的最高的销售纪录，并创造了微软公司最高的员工满意度。在今年微软公司的评比中，微软中国公司获得了比尔·盖茨先生亲自颁发的微软公司的最高奖项——微软最高荣誉奖。这些都是我们的成绩，是全体员工努力的结果，同时也离不开您的支持和关爱。

我们所从事的是一项有意义、有前途、具开创性的事业，我们也在为中国的软件事业的发展努力贡献，同时我们还捐建了井冈山希望小学以及其他的爱心关爱活动。

同时我将继续为我们的员工提供舒适、良好的工作环境和最优越的机遇来回报他们的勤奋工作和出色业绩。

最后，微软中国公司祝您节日愉快！

微软中国有限公司总裁　唐骏

唐骏后来写文章回忆他在微软的工作经验，感慨地说：“我在中国十年的管理经验告诉我，在中国做管理需要让员工感受到做领导的关爱，最好是让他们有点感动。一旦员工被你感动了，那时表现出的对企业的热爱才是真正的文化。”

家庭与事业切忌混为一体

有这样一种现象司空见惯，很多老板在创业的过程中，家里的钱和公司的钱从来不分，导致的结局就是公司欠下累累巨债后，债权人会因家庭和企业之间关联太多，就把家庭也绑定为承担债务责任的相关人，家庭与事业混为一体，这对于创业者来讲，是管理的大忌。

宋山木、李阳等企业都做得不错，但在家庭与事业之间的处理，绝对是一个反面教材。家庭与事业需要更多地分割开来，需要合理地分配与经营，创业者应该是情感丰富的，而不是冷冰冰的，该承担的家庭责任不能推托，公司不能当成自己的家庭事务，当然，管理者可以在公司活动的时候邀请家属来参与，让他们更多地体谅你的辛苦与梦想，更多地支持你的创业，但二者绝不可混为一体。

创业时，难免家人或稍远的亲戚会成为你的合伙人，家人或稍远的亲戚成为合伙人的优势在于沟通成本低、互相的信任度高，劣势主要在于容易公私不分，以及可能令其他合伙人心存芥蒂。在这种情况下，你的处理原则只有一个，就是按照筛选所有合伙人的标准筛选家人，按照对待所有合伙人的标准对待家人，一定要做到权责分明，亲兄弟明算账，不能给亲友合伙人额外的好处。当亲友对项目提供了资金和物质的支持，比如借给你一笔钱，或者提供住房作为办公场地，或者长期向团队提供饮食时，你要考虑到这些应该是投资的一部分，从一开始就应该明确他们可以获得股权或者其他回报，并且最好以书面的形式予以确认。也许他们不会向你索取，但如果你不做好准备，纠纷发生时你会手足无措。

我们“创业镐头”所提倡的文化理念是创业本身一定要有乐趣，有温暖，有搞头。这是所有创业者要做好的功课，没有乐趣也没有温暖，这样的创业有何用？这样的成功有什么意义？为了所谓的成功而妻离子散，这样的代价也未免太大了。

回过头重新看待创业的目的，看待创业追逐的成功，有助于我们树立正确的创业观念，不至于那么急功近利，以确保创业的时候能够稳扎稳打，真正地把精力放到为客户创造价值，使价值对人有利，这些人包括父母、爱人、孩子、邻居等等，这样的创业项目才会更加稳固，更加持久。

从众多企业的成功创业，我们也能看到社会的思潮正在逐渐发生变革，企业家就应该是这样的，在工作状态中就是创业者，在业余状态中就应该是一个合格的家庭陪伴者，这样的创业更值得尊重，也更值得传播和赞美。在过去的观念中，一讲到英雄就是那种舍小家顾大家，为国为企为他人奉献自己的全部，现如今，我们开始回归到人性的时代，站在人的角度重新去审视创业，审视家庭幸福，审视个人追求。

所以，工作再忙，也别忘记守护你的家园。

第二十二章

心态关：胜败乃创业之常事

用多维的视角来看待创业

如果把创业本身归结到最本质的东西，那就是“一颗初心”。

这话听起来有些危言耸听，但当我们把繁复空间中的创业概念精简以后，就会发现，创业之所以如此打动人是因为创业的过程实际上是一次美妙的心路历程。把这种美妙的心路历程与我们去吃一顿美餐、去看一场电影、去攀爬一次山峰相比，没有太大的差异。

我们在创业的过程中收获了万贯家财，或者最后创业失败又从重新找工作开始，或者重新开始创业，这种结果对于创业者本身来讲，都不是最重要的，最重要的是创业的过程带来的收获。

很多创业者起步之初梦寐以求的是追逐成功、发财等等，但是创业过程中真正有价值的东西是在你人生的一个特定阶段，有一次全身心的完整投入，全力以赴地去拥抱整个项目团队，为了心中的梦想而奋力拼争，这才是刻骨铭心的。

创业是人生中一种非常美妙的经历，这样的生命经历，会成为人生过往一笔重要的财富，这种财富的背后是对自我的肯定和尊重，不论成败，就像刘欢的歌里唱的那样：论成败人生豪迈，只不过是从头再来！

现在的社会创业环境中，一拨又一拨的 90 后青年前仆后继地参与到创业大潮中，甚至很多人可能经历了一次、两次或者三次的创业失败，又重新站起来创业，我们可以看到他们那种决绝的精神，也看到了大家在创业过程中逐渐羽翼丰满，看到他们获得丰厚的经验以及无穷的快乐，这已足够。

看待创业，我们都希望能够成功，但是作为创业者，心态反而要归于平淡，用一颗平常之心来看待创业，成功之路才会走得更加持久、长远。

正如任正非提醒的一样：

不经过挫折，就不知道如何走向正确的道路。磨难是一笔财富，而我们没有经过磨难，这是我们最大的弱点。

创业企业家不必去看所谓成功企业家的传记，尤其是那些自命财经作家的作品，他们的成功经验往往被过度包装，很多结果反而成了原因。相反，要学会善待失败，因为不经过挫折，我们就不知道如何走向正确的道路。

很多创业者在创业初期，完全抱着要去帮助别人的一颗初心，尽全力回报赖以生存的社会。这是很有价值的心态，有了这样的心态后，他就不会像无良商家把三聚氰胺掺到奶粉或牛奶里面。在价值观的取舍上，他会永远坚守正道，这样的创业者反而更容易取得成功。在当今这样的大背景下，成功已经不再是单一地实现创业梦想，而是在社会这个更大的层面上实现自己的价值。

如果把陪伴家人、写出一本书、唱出一首好歌等等这些作为成功标准，我们再来审视创业，就会有一种多维的视角来清醒地评判创业是否成功。想明白了这一点，创业者就不会再孤注一掷，好似飞蛾扑火一样追逐成功，反而把成功转化成为日久天长的努力，就像滴水穿石一样相信时间的力量，就像莲花要想绽放就必须扎根于深沟泥淖里的那种强烈的坚守，当你拥有了这样一种创业心态，就不愁创业不会成功，不愁自身价值得不到彰显。

守住创业的初心

耕心者耕天下。

大凡一件事物成为社会潮流，总难免会有一些喧嚣浮躁，此时尤其需要内心安静回归。

当前创业环境整体火热，节奏更快，已经很少有人静心安待了。快速拿到资本，快速打开市场，快速上市……至于客户口碑、至于市场培育、至于行业责任、至于员工成长等，却往往有所忽略，此时，一颗初心格外重要，守得初心方能正道远行。

有一颗坚守自己的初心，这是我们这个时代最宝贵的财富，创业不是一件急不可耐的事情，也不是超越所有价值观的事情，而是一件很平常的事情，这和一个农民通过一年努力获得好收成、一个画家苦心孤诣三年完成一幅大作没有太大区别，其成就感本质上也没有太大差异，但这件平常的事情能给我们的生命带来一种变化，一种成就，给我们带来快乐和幸福，这是源自自身的体验才会感觉得到的。

在公司发展呈现无边界组织化，愈加强调联合、合作的过程中，我们看到成功创业，不仅仅是自己搭建一个平台把事情做成，也可以在不同的平台去运作，帮助别人成功，这也是一种成功。以这样的角度来审视和思考今天的创业话题，我们可能会变得更加从容，更加理性，我们并不鼓舞每一个人走向创业之路，事实上创业本身也是少数人的事情，但是希望每个人都能找到实现人生价值的点。

是创业还是守城，是在别人的平台下打拼，还是自己煮一碗炸酱面，本质上没有什么太大的差别，唯一的差别是你能不能全力以赴、心无旁骛、内心充盈地把任何一件事情做好，所谓“其大无内，其小无外”，一件事情做到极致本身就是一个精彩的世界。

在走向创业的过程中，创业者需要时时审视自己，是否能够真正宁静地追求成长，逐渐成熟。如果创业的背后仅仅意味着一种世俗意义的功名利禄，那么这种创业的成功还是相对浅层次的，而更深层次的创业成功是对这个时代、对这个社会、对这个国家未来的走向带来什么样的影响，在这个尺度丈量下高下立判。哪怕有些创业者失败了，但虽败犹荣，同样的道理，哪怕有些人创业成功了，如果他的成功是建立在负向价值观之上，比如说通过欺骗、违德、违法等手段取得成功，这种行为本身就不值得追捧，我们也希望媒体等社会机构能够负起责任，不仅关注成功，更关注成功背后带来的社会进步。事实上也是如此，对于长寿企业调查发现：这些企业的参与者们能更好地平衡人性的贪婪与公司法人的利益关系。说白了，就是自然人能最大限度地克服人性的贪婪。

从喧嚣、浮躁、傲慢的创业心态中走出来，共同打造一个更加成熟、更加理性、更加和谐的环境，这不仅是政府、创业者、科技园区的责任，也是我们每一个人的责任。当我们抱持这样一种责任心，就能更加理性、坦诚，既不会因为外部的影响就急不可耐地投入到创业中来，也不会因为外部有多大的压力而轻易放弃自己的创业梦想，坚持自己想要坚持的东西，勇敢追求自己的梦想，从自身的资源禀赋和热情出发，实现创业之梦，这是一个创业者真正应该抱持的心态。

“耕心者耕天下”，守住一颗心实现创业丰盛，那将是人生中一段最难忘的经历，在合适的时间领略了风景，如此而已。

勇于反思自己

晚清第一重臣、湘军领袖曾国藩一生功名显赫，他坚持每天写日记，从29岁起，到病逝前一天的最后一篇日记，一生持之以恒，从未间断，他通过日记的方式反思自己的言行得失。从他的日记的文字里，根本看不出一丝一毫自负之气，自始至终都是战战兢兢、如履薄冰的谨慎态度，所以他一生头脑清醒，从不被欲望所蒙蔽。

时刻能反躬自省，常怀律己之心，常思贪欲之害，常弃非分之想，始终不放纵，不逾矩，不越轨，能够坚持三省吾身、勇于反思自己的得失，完全是一种高尚的道德修养，是一种坦荡胸怀，是至高的修身境界。

有专家提出了创业者应该经常反思以下的四个方面的问题，可供借鉴：

1. 愿景与工作重点。愿景是企业长期发展的方向、目标、理想、愿望，以及企业自我设定的社会责任和义务，明确指定企业在未来社会范围是什么样子及达到什么样的状况。创业者要经常反思："我每隔多久才向员工介绍公司的愿景与工作重点？员工能答出公司的愿景和工作重点是什么吗？"

2. 时间管理。"我如何安排自己的时间？"一旦明确了工作重点，你就要判断自己的时间分配是否与之相匹配，最好是跟踪记录一周工作中每个小时的活动。你自己的时间安排，会对员工的时间安排产生直接的影响。

3. 反馈。反馈分两个方面：一是你给下属的反馈，二是下属给你的反馈。你要反省："我是否给下属提供了及时、坦率且富有建设性的反馈意见？""下属中是否有五六个人会告诉我一些我不爱听但必须了解的信息？"创业者不应等到年终考核时才给出意见，而是要在平日及时给予反馈和指导，同时也要培养勇于进言的下属。

4. 业务评估和调整。世界在不断变化，领导者必须顺势而动。应该经常问自己："我是否根据环境变化，对公司的组织结构和经营方式做了相应调整？"创业者可能由于当初参与了公司的创建和设计，在情感上很难再对公司做出实质性改变，因此不妨让能干的部下从一张白纸开始重新设计公司。

养成一批良好的习惯

听到一个特别好玩的案例。据德国媒体报道，德国一家 IT 公司近日发布了一个新规定："禁止员工发牢骚，上班当天心情差最好请假别来。"该公司经理库瓦奇认为："心情是生产力一个很重要的因素。每位员工保持愉快的心情工作，对公司的发展非常重要。”因此，该公司把员工的心情纳入到聘用合同里，合同中明文规定：“上班要保持心情愉快，不准满腹牢骚。”曾有一名女员工“每天总是有一大堆怨言，结果惹得其他员工无法正常工作”。其实员工的心理资本也是企业需要重点关注的内容，目前国内外很多企业都引入了 EAP 心理辅导，希望能够帮助员工释放压力，快乐工作。其实对于中国大部分企业而言，还应该协助员工养成良好的工作习惯。

富兰克林在 20 岁时就给自己立下了这些人生哲学，然后一辈子不断的实践它们。我认为这些美德里面，有很多值得我们学习的地方。

1. 节制：不囫囵吞枣，不狂饮；

2. 沉默：发言一定要能够为对方或自己创造价值；

3. 秩序：生活中的所有事物都要有它们自己的位置，所有业务都要有它们自己的时间；

4. 意志：说到的就要做到，做到跟你说到的一样好；

5. 节俭：花费一定要能够为别人或自己带来价值；

6. 产出：时间跟精力必花在有用的事物上面；

7. 诚恳：不用诡计，用纯粹而平等的角度思考，如果要发言，就照着你的思想说；

8. 公平：不冤枉人，应得的就要取；

9. 中道：避免极端，不要落井下石；

10. 整洁：绝不容忍身上、衣服与家中的脏乱；

11. 平静：不被世俗所扰，也不为无法改变的事情所困；

12. 洁身：性爱是健康与生育的，不是发泄或是报复的管道；

13. 谦逊：像耶稣或与苏格拉底一般。

性格决定命运，富兰克林在 20 岁时就知道要给自己立下严谨的人生规范，与他接下来 64 年中的成就，必然有很大的关系。

对于团队来说，同样也应该形成良好的工作习惯，比如大家习以为常的开会问题。开会没有效率是令很多管理者头疼的问题，我们在前面“管理理念”中也提到很多提高效率的新方法和技巧，提高效率更根本的还是要注意细节，下面我们提供了一些应注意的事项：

1. 支持人在会前明确通知会议目的、程序、时间、地点，让参会者有所准备。正式会议，还要把议程发给参会者；

2. 明确要解决的问题，开门见山，直奔主题；

3. 及时开会。在得到重要情报或要求作出决策时应立即召开，以保证有充分的时间采取行动；

4. 支持人和参会者都要守时。如有迟到者，像联想规定的那样，在会场当众站立几分钟，下次很少有人愿意再吸引大家的视线；

5. 出席讨论和决策的会议人数以 5–7 人为最佳。出席会议超过 20 人，只能通报情况或布置工作，更多的人只适合于报告会和表彰会；

6. 一般会议时间以一小时为宜，大型报告会也不应超过两个小时。生理学家认为，脑力的最佳状态只能保持 45 分钟，人在生理上产生疲劳感的临界点是一小时；

7. 会议的重要原则是议事不议人。不要轻易按照少数服从多数的原则确定最后方案；

8. 会议要创造出一种宽松、坦诚的气氛，有利于思想的交流与沟通，提高会议效率；

9. 会议结束前要做总结，建议行动方案，明确责任和规定期限。不能落实的会议是无效的。

另外，不仅仅会议要有备忘，企业还必须建立良好的备忘机制。对于重大的事件，企业必须要进行书面备忘，即便是面对面沟通完了，大家都非常明确了，也要进入书面确认，并要求签字。特定情况下，有特定的沟通。比如说，在外地遇到紧急事情时如何沟通，只能打电话！但打完电话之后要进行补充，该补充书面文件的补充书面文件，该备份的备份，该督导的要进行督导。

建议培养下面这三类习惯：

1. 工作日志。工作日志其实很简单，就是把当天要做的事情一项一项地列出来，加上一个序号、标准、用时，一天结束看看完成了没有，做到位了没有，没有完成或没有做好的原因是什么。

2. 责任到位，承诺制、进度表和口头复述。承诺制多用于上司对下属布置工作，较多是上层对中层，就是下属向上司打工作条。面对白纸黑字的承诺，事后的评价、追究、考核就有了依据，而且极大地避免了交代工作时没说清楚、没听明白、互相赖账、无法追溯的可能。进度表多用于中层经理对基层下属使用，尤其对一项工作可拆分成若干子项目的情形。一张表下去，几个责任人都签上名，每人存一份，每个人的责任心都会有所加强，检查落实也容易到位，工作考核也方便。工作中很多小事情上下沟通时不用写条列表，但应让接受指令者重复一遍，避免衔接的误差。这种做法挺机械，似乎有上司对下属不尊重之嫌。其实大可不必这样理解，管理就是这样，把所有琐琐碎碎的事情，一件一件认真对待，并努力做透，才是正途。

3. 换位思考。在企业，换位思考的习惯可以训练出来。比如让员工到下一道工序工作一周，比如让销售经理去生产部当 10 天见习副经理，比如让财务人员到市场去收收款等等。

后记：大闹一场，悄然而去

人生不是平铺直叙，人生是爱上高楼，大闹一场悄然而去，只为放眼千里；

创业不是一锤子买卖，创业是地头力精神，夜拍阑干以头拱地，迎来微笑花开。

在脱口秀录制过程中，在本书撰写过程中，一直陪伴我的是金庸和他的武侠小说。

金庸少年游侠，中年游艺，老年游仙：年轻时候书生本色，有不平辄大鸣大放，快意恩仇侠肝义胆，几乎不能容于当时政权；中年时期写作淋漓恣意——“飞雪连天射白鹿，笑书神侠倚碧鸳”，他为我们构建了一个独特的武侠世界，成为了我们精神世界里不可或缺的家园；16 部武侠经典作品之后毅然投笔从学飘然海外，在耄耋之年选择到剑桥大学攻读历史，重启学生生涯，从绚烂归于平静。这是多么好玩的生命！

曾有人问金庸：“如何度过短暂一生？”老先生如侠客一样挤出八个大字：“大闹一场，悄然而去。”老爷子是这样说的，也是这样做的：生命短暂而唯一，倾情投入自己喜欢的事情如夏花般绚烂，而后寂然归去俨然秋叶入泥。这是人的大自在。

每个人都是独特的，但是能够和时代相拥共舞的人似乎没有那么多：环顾左右不如意者十之八九，因为太多人不自由。伴随着科技进步，人不再为风雨雷电所困，人开始登天入地降妖伏魔，可是依旧有很多人无法做到内心安妥灵魂自由，自然也就没法大闹一场。好在我遇到了创业家群体。过去的两年里，我和中国大量的创业家在一起。

我发现一个非常有意思的现象，几乎所有创业者的内心里都充满着对财富自由的渴望，这种渴望构成了中国经济发展的强劲动力。因为中国过去若干年里相对封闭，一旦市场经济得以复苏，创业者们内心迸发出来的财富热情推动了中国的迅猛前行。

创业者骨子里是一群“以梦为马，折骨做刀”的人。在这条路上一定会有孤独和寂寥，很多时候要学会享受孤独。从创业者到企业家，其背后是不断自我超越，以至于超越人性的凡庸，这种超越就像那个杀掉奶牛的故事：

有一个贫寒却安逸的家庭，一头奶牛是家中唯一的财产。一位借宿者问询该家人快乐的秘诀，主人的答案是那头奶牛。多年过后，借宿者再次来到这里时，贫瘠的土地变成了富饶的农场。他向主人打听为什么发生了变化，主人说：“我们杀死了奶牛，别无选择开始艰辛的生活，然后就发展成了现在的样子。”

同时，我也看到在创业大背景下，任何梦想的唤醒和践行都开始赢得尊重：伏牛堂张天一开了一家小面馆，这是创业；马云、马化腾实现自己互联网帝国的崛起，这也是创业。从初心的角度来讲，两者并无本质区别。如果放到一个更宏观的角度来看，金庸写作 16 部武侠小说是一种创业；沈从文当年 20 多岁的时候从湘西赶到北京，在会馆里拼着命流着鼻血冻得瑟瑟发抖写着小说，这也是创业；年广久支两口大锅去卖瓜子，这背后，又何尝不是一种创业？所以，只要有一种对自己负责的精神和心态，那么人生何处不是创业呢？创业的本质是自我雇佣、自我成长、自我负责、自我成就，创业是对自己创造价值能力的肯定。

从某种意义上讲，创业者一定是强者，但是创业家绝不是强梁一样的人。他们恰恰不是坚硬、碾压、强势的，他们是柔软、乐群、温良的。在时间的河流里，他们选择洞开心灵大门：当心灵开放时，他们便可以创造一切，享受一切。

创业家是值得追随的造梦者，他们不仅仅关注世俗意义上的成功。如果没有人情温暖和人性光辉，那么成功又有何意义？富裕、优雅、高贵、职业尊严、阳光灿烂、人情温暖、信仰与道德、诗性与美感——这些关键词的背后是一群人经由利益共同体走向精神共同体，继而成为命运共同体。黑松汽水公司有这样一句广告词："生命就应该浪费在美好的事物上！"创业过程也应该成为美好生命的一部分。创业应该是一群有梦想的人的再次还乡。

对于创业家而言，创业就如同追太阳，让我们一起来哈哈大笑，让我们一起来奔向一千个灿烂的太阳：

生在盛世人欢畅

畅畅的劲头火一样

才陪嫦娥会吴刚

又携蛟龙晤龙王

东方神话生翅膀

一飞冲天追太阳

阳光点旺千年梦想

圆梦路上勇猛开创

……

既能牛气地活，又能傻气地乐

——多好！

图书在版编目（CIP）数据

创业镐头 / 杲占强著 . -- 北京 : 北京时代华文书局 , 2016.4
ISBN 978-7-5699-0885-5

Ⅰ . ①创… Ⅱ . ①杲… Ⅲ . ①企业管理 Ⅳ . ① F270

中国版本图书馆 CIP 数据核字 (2016) 第 080169 号

创业镐头

著　　者 | 杲占强

出 版 人 | 杨红卫
责任编辑 | 张彦翔
装帧设计 | 孙丽莉　王艾迪
责任印制 | 訾　敬

出版发行 | 时代出版传媒股份有限公司 http://www.press-mart.com
北京时代华文书局 http://www.bjsdsj.com.cn
北京市东城区安定门外大街 136 号皇城国际大厦 A 座 8 楼
邮编：100011　电话：010－64267955　64267677
印　　刷 | 三河市航远印刷有限公司　0316-3088618
（如发现印装质量问题，请与印刷厂联系调换）
开　　本 | 710×1000mm　1/16
印　　张 | 16.5
字　　数 | 247 千字
版　　次 | 2016 年 6 月第 1 版　　2016 年 6 月第 1 次印刷
书　　号 | ISBN 978-7-5699-0885-5

定　　价 | 36. 00 元